Couvertures supérieure et inférieure en couleur

XAVIER DE MONTÉPIN

LE TESTAMENT ROUGE

La Fée des Saules

II

PARIS

E. DENTU, ÉDITEUR

LIBRAIRE DE LA SOCIÉTÉ DES GENS DE LETTRES

3, PLACE DE VALOIS — PALAIS-ROYAL

1888

LIBRAIRIE E. DENTU, ÉDITEUR, PALAIS-ROYAL

ROMANS DE XAVIER DE MONTÉPIN

Collection grand in-18 jésus, à 3 francs le volume.

LA SORCIÈRE ROUGE.	3 vol.	LA BALADINE.	2 vol.
LE VENTRILOQUE.	3 vol.	LES AMOURS D'OLIVIER.	2 vol.
LE SECRET DE LA COMTESSE.	2 vol.	SON ALTESSE L'AMOUR.	6 vol.
LA MAITRESSE DU MARI.	1 vol.	LA MAITRESSE MASQUÉE.	2 vol.
UNE PASSION.	1 vol.	LA FILLE DE MARGUERITE.	6 vol.
LE MARI DE MARGUERITE.	3 vol.	MADAME DE TRÈVES.	2 vol.
LES TRAGÉDIES DE PARIS.	4 vol.	LES PANTINS DE MADAME LE DIABLE.	2 vol.
LA VICOMTESSE GERMAINE (suite des Tragédies de Paris).	3 vol.	LA MAISON DES MYSTÈRES.	2 vol.
LE BIGAME.	2 vol.	UN DRAME A LA SALPÊTRIÈRE.	2 vol.
LA BATARDE.	2 vol.	SIMONE ET MARIE.	6 vol.
UNE DÉBUTANTE.	1 vol.	LE DERNIER DUC D'HALLALI.	4 vol.
DEUX AMIES DE ST-DENIS.	1 vol.	LE SECRET DU TITAN.	2 vol.
SA MAJESTÉ L'ARGENT.	5 vol.	LA DEMOISELLE DE COMPAGNIE.	4 vol.
LES MARIS DE VALENTINE.	2 vol.	LES AMOURS DE PROVINCE.	3 vol.
LA VEUVE DU CAISSIER.	2 vol.	LA PORTEUSE DE PAIN.	6 vol.
LA MARQUISE CASTELLA.	2 vol.	LE CRIME D'ASNIÈRES.	2 vol.
UNE DAME DE PIQUE.	2 vol.	LE ROMAN D'UNE ACTRICE.	3 vol.
LE MÉDECIN DES FOLLES.	5 vol.	DEUX AMOURS.	2 vol.
LE PARC AUX BICHES.	2 vol.	P.-L.-M.	6 vol.
LE CHALET DES LILAS.	2 vol.	LA VOYANTE.	4 vol.
LES FILLES DE BRONZE.	5 vol.	LES FILLES DU TIMBALIER.	2 vol.
LE FIACRE N° 13.	4 vol.	LES DESSOUS DE PARIS.	6 vol.
JEAN-JEUDI.	2 vol.	LE GROS LOT.	3 vol.

LE TESTAMENT ROUGE

LA FÉE DES SAULES

II

LIBRAIRIE E. DENTU, ÉDITEUR

DU MÊME AUTEUR

	fr.		fr.
Les Amours d'Olivier (suite et fin de la *Baladine*), 3ᵉ édit., 2 vol.	6	La Maîtresse masquée, 3ᵉ édit., 2 vol.	6
Les Amours de Province, 2ᵉ édit., 3 vol.	9	La Marquise Castella 3ᵉ éd., 2 vol.	
La Bâtarde, 3ᵉ édit., 2 vol.	6	Le Mari de Marguerite, 14ᵉ édit., 3 vol.	
La Baladine, 3ᵉ édit., 2 vol.	6	Les Maris de Valentine, 8ᵉ édit., 2 vol.	6
Le Bigame, 6 édit. 2 vol.	6	Sa Majesté l'Argent, 6ᵉ édit., 5 vol.	15
La Voyante, 2ᵉ édit., 4 vol.	12	Le Médecin des Folles, 5ᵉ édit., 5 vol.	15
I. — Blanche Vaubaron, 2 vol.		P.-L.-M., 3ᵉ édit., 6 vol.	18
II. — L'Agence Rodille, 2 vol.		I. — La Belle Angèle, 2 vol.	
Le Crime d'Asnières, 4ᵉ édit., 2 vol.	6	II. — Rigolo, 2 vol.	
I. — L'Entremetteuse.		III. — Les Yeux d'Emma-Rose, 2 vol.	
II. — La Rastaquouère.		Les Pantins de Madame le Diable, 4ᵉ édit., 2 vol.	6
Le chalet des Lilas, 3ᵉ édit., 2 vol.	6	Une Passion, 4ᵉ édit., 1 vol.	3
Une Dame de Pique, 3ᵉ édit., 2 vol.	6	Le Parc aux Biches, 3ᵉ édit., 2 vol.	6
Une Débutante, 3 édit., 1 vol.	3	La Porteuse de Pain, 3ᵉ édit., 6 vol.	18
La Demoiselle de Compagnie, 3ᵉ édit., 4 vol.	12	Le Roman d'une Actrice, 3ᵉ édit, 2 vol.	9
Le dernier duc d'Hallali, 3ᵉ édit., 4 vol.	12	I. — Paméla des Variétés.	
Deux Amies de St-Denis, 4ᵉ édit., 1 vol.	3	II. — Madame de Franc-Boisy.	
Deux Amours, 4ᵉ édit., 2 vol.	6	Le Secret de la Comtesse, 5ᵉ édit., 2 vol.	6
I. — Hermine.		I. — Le Capitaine des Hussards.	
II. — Odille.		II. — Armand.	
Un Drame à la Salpêtrière, 2ᵉ édit. 2 vol.	6	Le Secret du Titan, 2ᵉ édit., 2 vol.	6
Le Fiacre n° 13, 6ᵉ édit., 4 vol.	12	Simone et Marie, 3ᵉ édit., 6 vol.	18
La Fille de Marguerite, 3ᵉ édit., 6 vol.	18	Son Altesse l'Amour, 4ᵉ édit., 6 vol.	18
Les Filles de Bronze, 5ᵉ édit., 5 vol.	15	La Sorcière Rouge, 4ᵉ édit. 3 vol.	9
Les Filles du Saltimbanque, 2ᵉ édit., 2 vol.	6	Les Tragédies de Paris, 7ᵉ édit., 4 vol.	12
I. — La Comtesse de Kéroual.		Le Ventriloque, 4ᵉ édit. 3 vol.	9
II. — Berthe et Georgette.		I. — L'assassin de Mariette.	
Jean-Jeudi, 5ᵉ édit., 2 vol.	6	II. — La femme du Prussien.	
Madame de Trèves, 8ᵉ édit., 2 vol.	6	III. — Le Mari et l'Amant.	
La Maison des Mystères, 2ᵉ édit., 2 vol.	6	La Veuve du Caissier, 8ᵉ édit., 2 vol.	6
La Maîtresse du Mari, 5ᵉ édit., 1 vol.	3	La Vicomtesse Germeine, 7ᵉ édit., 3 vol.	9

ÉMILE COLIN. — IMPRIMERIE DE LAGNY.

XAVIER DE MONTÉPIN

LE TESTAMENT ROUGE

LA FÉE DES SAULES

II

PARIS
E. DENTU, ÉDITEUR
LIBRAIRE DE LA SOCIÉTÉ DES GENS DE LETTRES
PALAIS-ROYAL, 15-17-19, GALERIE D'ORLÉANS
ET 3, PLACE VALOIS

1888

(Tous droits de traduction et de reproduction réservés)

LA FÉE DES SAULES

XXV

— Allons! — cria Jolivet, — oh! hiss! et de l'ensemble!...

Les mariniers firent un dernier effort.

L'ancre entra dans le bateau, entraînant avec elle le corps du noyé.

— C'est un vieux, — dit la Fouine, — il n'y a pas longtemps qu'il est dans la rivière... — Tiens, tiens, tiens, tiens, regardez donc! Sa montre pend par la chaîne à son gilet.

— Oui, c'est vrai... — répliqua Jolivet. — Mais ne touchons à rien et déposons le *maccabée* sur la berge.

Les trois hommes gagnèrent la rive et ils étendirent le cadavre sur le dos, le long du chemin de hallage.

En ce moment deux gardiens de la paix longeaient le quai, faisant leur ronde.

La Fouine les aperçut.

Il arrondit ses mains autour de sa bouche, en façon de porte-voix, et lança cet appel sonore :

— Eh ! citoyens, là haut ! Eh !...

Les gardiens de la paix, ne sachant si c'était à eux qu'on s'adressait, firent halte et se penchèrent pour regarder la berge, par-dessus le parapet.

— Qu'y a-t-il ? — leur demanda un homme qui venait de les rejoindre et qui, s'arrêtant aussi, regarda comme eux.

Cet homme était Raymond, que les hasards de sa course matinale et sans but avaient conduit de ce côté.

La Fouine reprit, la tête toujours levée :

— Oui... oui... c'est parfaitement vous, messieurs les sergents de ville... — Arrivez dare, dare, s. v. p. ! — il y a un noyé...

— Un noyé !... répéta Raymond.

Et il se dirigea en compagnie des gardiens de la paix vers la descente qui conduit à la berge.

Les mariniers avaient repris leur travail.

Fromental et les agents s'approchèrent du cadavre dont les premiers rayons du soleil levant éclairaient la face pâle.

En voyant Raymond, la Fouine ne put retenir un

mouvement de surprise et se dit, en l'examinant avec curiosité :

— C'est drôle ! la binette de cet individu ne m'est pas inconnue, pour sûr !... Où donc ai-je vu ce coco-là ?

Tandis que Jules Boulenois interrogeait sa mémoire, Fromental s'était penché vers le cadavre et semblait étudier ses traits que la submersion n'avait nullement décomposés.

Soudain il se redressa en poussant une exclamation presque joyeuse.

— Vous connaissez ce particulier, monsieur ? — demanda l'un des sergents de ville.

— Je le connaissais.

— Dans ce cas nous pouvons verbaliser...

— C'est moi que ce soin regarde... vous signerez simplement le procès-verbal.

— Vous verbaliserez, vous ? — dit le gardien de la paix très surpris. — De quel droit ?

— Du droit que me donne ceci... — répliqua Fromental en exhibant une carte d'une forme et d'une couleur particulières, et un mandat d'amener. — J'étais chargé de rechercher cet homme et d'opérer son arrestation.

Les agents s'inclinèrent.

— C'est une mouche ! — murmura la Fouine. —

N'empêche que je l'ai déjà vu quelque part. — Mais où ? — Imposssible de me souvenir...

— Comment a-t-on repêché cet homme? — demanda Raymond.

Le patron du chaland raconta brièvement ce qui s'était passé et ajouta, en tendant à Fromental un carré de papier sur lequel il avait tracé quelques mots au crayon :

— Je ne puis demeurer plus longtemps avec vous, monsieur... Voici mon nom et celui de mes hommes, ainsi que mon adresse... — le remorqueur arrive et je pars... — Ce garçon d'ailleurs était présent, — poursuivit-il en désignant la Fouine, — il reste pour toucher la prime et vous donnera tous les détails qui vous seront utiles.

— Bien, monsieur... Faites vos affaires.

Le patron remonta sur son chaland et donna l'ordre à ses hommes de se diriger vers le remorqueur qui s'avançait à grand bruit et dont la cheminée lançait une épaisse colonne de fumée noire.

Lui-même se mit au gouvernail, et bientôt le chaland fut amarré d'une façon solide au remorqueur qui l'entraîna vers la haute Seine.

— Que l'un de vous aille à la Morgue demander un brancard et des hommes, — dit Raymond aux sergents de ville, — il faut faire enlever immédiatement ce corps...

L'un des agents partit aussitôt pour exécuter l'ordre donné.

Du quai de l'Entrepôt à la Morgue la distance est courte, et par conséquent son absence ne devait pas être longue.

Raymond étudiait toujours le visage du noyé, et sa conviction ne faisait que s'affermir par cet examen.

— Certes, je ne me trompe pas ! — se disait-il. — Ce cadavre est bien celui d'Antoine Fauvel, le bouquiniste de la rue Guénégaud... — Voilà ma besogne faite, et le hasard a travaillé pour moi !

La Fouine continuait à livrer à sa mémoire de rudes assauts sans que sa persévérance fût couronnée du moindre succès.

Il ne pouvait se rappeler où et quand il avait vu Raymond.

— Ainsi, jeune homme, — lui demanda ce dernier, — c'est en levant l'ancre du chaland qu'on a trouvé ce corps ?..

— Oui, m'sieu.

— Êtes-vous appelé quelque part en ce moment par vos occupations ?

— Non, m'sieu... — Rien à faire... libre comme l'air.

— Alors, vous me suivrez à la Morgue où je rédigerai mon procès-verbal.

— Comme il vous plaira, m'sieu...

— Soyez tranquille, d'ailleurs... vous toucherez la prime que les mariniers vous abandonnent...

— Oh! je ne suis point inquiet, m'sieu... sans compter que je ne cours pas après quinze francs... J'ai un bon état qui me nourrit...

Le gardien de la paix envoyé à la Morgue revenait avec deux hommes portant un brancard...

Sur ce brancard on déposa le corps d'Antoine Fauvel, et le cortège prit le chemin du pont de l'Archevêché.

La Fouine avait réuni ses outils de pêche et suivait.

Aussitôt arrivé à la Morgue, on porta le cadavre dans la salle de l'amphithéâtre où il fut provisoirement déposé.

Le greffier de la Morgue intervint et demanda que le corps ne fût déshabillé, et les vêtements fouillés, qu'en présence des magistrats.

Raymond comprit et approuva cette réserve et se mit en devoir de dresser son procès-verbal sur les déclarations de Prosper-Jules Boulenois, dit le Fouine.

— Où demeurez-vous? — lui demanda-t-il.

Le jeune homme se gratta l'oreille et répliqua en riant :

— Un peu partout... Je suis cosmopolite. Mais enfin on peut me trouver quand on veut au restaurant de l'île, à Saint-Maur.

Fromental, étonné de cette réponse, le regarda et poursuivit :

— Votre état ?

— Pêcheur à la ligne pour les restaurateurs et les particuliers.

— Vous savez que je ne plaisante pas, — dit Raymond d'un ton sec.

— Moi non plus, m'sieu... je n'en ai même point envie.

— Alors, parlez-moi sérieusement.

— Mais je suis très sérieux, m'sieu... — J'étais menuisier... — le travail n'allait point, je me suis fait pêcheur à la ligne... j'avais la vocation... ça me rapporte davantage que de manier le rabot et la scie... — je gagne facilement ce qu'il me faut pour vivre... — Demandez-le au patron du restaurant de l'île, mon plus fort client ; il vous le dira...

— Vous devez avoir une famille ?...

— Oh ! quant à ça, parfaitement... — Voici l'adresse de mon brave homme de père... Athanase Boulenois, rue des Récollets, n° 17.

Raymond termina le procès-verbal, le fit signer par les deux gardiens de la paix, par la Fouine, le signa lui-même, et tandis que les deux agents regagnaient leur poste et que le jeune pêcheur à la ligne allait flâner du côté de la basse Seine, il rentra chez lui, où il se proposait d'attendre l'heure de porter son procès-verbal à la préfecture.

Il nous paraît superflu d'affirmer qu'il bénissait le hasard par lequel il avait été conduit au quai de l'Entrepôt, où un hasard plus miraculeux encore allait le mettre face à face avec le cadavre du misérable dont il devait chercher la piste.

Sa mission était terminée, puisque Fauvel n'existait plus. — Il pouvait donc nourrir l'espoir de voir agréer la requête qu'il allait présenter au ministre de la justice, et de reconquérir la possession de lui-même, la liberté de sa vie.

Dans tous les cas, on ne pourrait lui refuser le congé immédiat qu'il sollicitait et qui lui permettrait de passer quelques jours auprès de son fils, tout en faisant les démarches nécessaires pour appuyer ce que nous aurions presque le droit d'appeler son recours en grâce.

L'heure était matinale.

Paul n'avait point encore quitté sa chambre.

La visite au docteur américain chez lequel son père se proposait de le conduire ne devait avoir lieu qu'à une heure de l'après-midi, moment où commençaient les consultations annoncées au public par les réclames des journaux, petits et grands.

Raymond se dit qu'il avait plus que le temps d'aller porter son rapport à la préfecture et de voir le chef de la Sûreté ; cependant, ne voulant pas courir le risque d'inquiéter Paul, il écrivit un petit mot annonçant une sortie imprévue que devait suivre un prompt retour, il plaça ce mot bien en évidence sur la table de l'antichambre, où le jeune homme ne manquerait pas de le voir en entrant dans l'appartement.

Cela fait, il regarda sa montre.

Elle indiquait huit heures.

Il prit son chapeau et sortit.

Le chef, homme énergique, actif, infatigable, ardent aux affaires, était déjà dans son cabinet.

Fromental, introduit auprès de lui sur-le-champ, fut accueilli avec une certaine froideur, résultant de la scène de la veille.

— Vous venez prendre mes ordres ? — lui demanda le chef.

— Oui, monsieur... et je viens en même temps vous annoncer une nouvelle heureuse.

— Laquelle ?

— Nous tenons le bouquiniste de la rue Guénégaud, le receleur des voleurs de livres.

— Antoine Fauvel ?... — s'écria le chef avec joie.

— Antoine Fauvel, oui, monsieur.

— S'est-il laissé prendre sans résistance ?

— Le malheureux aurait été fort en peine de résister.

— Comment cela ?
— Il est mort.
— Mort ! — répéta le chef.
— Noyé. — Voici le procès-verbal qui relate la façon dont il a été retiré de la Seine ce matin en ma présence.

En même temps Raymond présentait son rapport au chef qui en prit immédiatement connaissance, et après avoir lu, demanda :

— Croyez-vous que la mort ait été volontaire ?...
— A cette question, monsieur, je ne pourrais répondre...
— Le corps ne portait-il aucune trace de nature à faire soupçonner un assassinat ?...
— Les investigations que j'ai faites ont été très superficielles, mais nul indice ne m'est apparu rendant vraisemblable la présomption d'un crime.
— Fauvel, alors, se serait suicidé ?...
— Ce n'est point certain, mais c'est très probable... — Ayant appris qu'il était accusé... qu'une perquisition venait d'avoir lieu chez lui, et sachant d'avance quels résultats devait donner cette perquisition, il a préféré la mort à un jugement, à une condamnation, à la honte et à la ruine...
— C'est admissible en effet... Cependant, s'il était prouvé qu'il avait sur lui de l'argent, on pourrait croire qu'il a été victime de rôdeurs...

Raymond secoua la tête.

— Quant à cela, non, — dit-il. — Le vol n'a pas été le mobile du crime, s'il y a eu crime... — Le cadavre porte encore sa montre, et l'une des poches renferme un porte-monnaie bien garni.

— Êtes-vous absolument sûr que ce noyé soit Fauvel, le marchand de livres ?

— Oh ! absolument ! — Je m'étais présenté chez lui, vous le savez, la veille de la perquisition... — J'avais étudié avec soin ses traits... — Je l'ai reconnu... — une erreur au sujet de son identité est impossible...

— Votre rapport ne fait mention d'aucun papier trouvé sur lui...

— C'est qu'il n'en a été trouvé aucun... — Du reste, si le moindre doute subsiste dans votre esprit, il vous sera facile de le dissiper.

— Comment ?

— En plaçant ses complices en face du cadavre... — En appelant à la Morgue sa sœur, madame veuve Labarre, et son neveu, élève du grand séminaire de Saint-Sulpice...

— Ces confrontations auront lieu, sans le moindre doute... — Pour le moment il faut se borner à soumettre le corps à l'examen d'un des médecins légistes de la préfecture... — Veuillez m'attendre...

— Nous irons à la Morgue avec le médecin que je vais faire prévenir...

Une demi-heure plus tard, le chef, le docteur et Fromental arrivaient à la Morgue, et le greffier les introduisait dans l'amphithéâtre adjoint aux salles d'attente et d'exposition.

Ils s'approchèrent du corps toujours vêtu.

Le médecin examina le visage.

— Vous dites que cet homme a été retiré de la Seine ? — demanda-t-il après un rapide examen.

Raymond répondit :

— Oui, monsieur... il a été déposé sur la berge sous mes yeux...

— Il n'est point mort noyé cependant, je l'affirme, et l'aspect seul de son visage le démontre surabondamment...

— Quoi ! — s'écria le chef de la Sûreté, — cet homme n'a pas succombé à l'asphyxie ?

— Non ! cent fois non ! — Il était mort avant d'être jeté dans la Seine !...

— On ne voit cependant aucune trace de blessure... — fit le chef.

— Qui vous dit que ces traces ne sont point sous les vêtements ? — Il faut mettre ce corps à nu !

XXVI

Les garçons d'amphithéâtre obéirent à l'ordre du médecin légiste et le corps de Fauvel apparut, d'une pâleur mate, ou plutôt d'un ton de cire vierge.

Les membres n'offraient point la rigidité cadavérique.

On ne distinguait aucune blessure, aucune trace de lutte.

En face de ce cadavre le médecin restait songeur, le front plissé, les sourcils contractés.

Il souleva les membres l'un après l'autre.

Les articulations conservaient la souplesse de la vie.

— Voilà une chose vraiment singulière !... — dit-il au bout d'un instant.

— Quoi donc, docteur ? — demanda le chef de la Sûreté.

— Ce corps a séjourné au moins trois jours dans l'eau et il n'offre ni gonflement, ni symptômes de décomposition. — Les muscles sont aussi flexibles que si l'homme venait de mourir... — Nulle part le sang ne donne à l'épiderme cette teinte d'un violet sombre qui se produit toujours à certains endroits lorsqu'il y a eu congestion... — La peau partout est diaphane... — c'est bien étrange... C'est plus qu'étrange... — il y a là quelque chose de tout à fait incompréhensible à première vue, dont il faut se rendre compte... Je veux faire l'autopsie de ce cadavre.

— Faites, docteur... — Mais, dites-moi, que supposez-vous donc?

— A cela je ne puis répondre, car j'ignore absolument en présence de quel phénomène je me trouve, et je compte sur l'autopsie pour me livrer le mot de l'énigme...

Le médecin donna ses ordres aux assesseurs qui l'accompagnaient, et bientôt les scalpels s'enfoncèrent dans la poitrine du corps étendu sur la table de dissection.

De seconde en seconde l'étonnement du médecin grandissait en trouvant les chairs absolument exsangues; — pas une marbrure rougissante ou violacée ne tranchait sur leur blancheur.

Quand les viscères furent mis à nu, ce ne fut plus de la stupeur, ce fut de l'épouvante.

Le cœur était vide.

Le foie ne renfermait pas un caillot de sang.

Les artères et les veines, étudiées à la loupe, furent trouvées vides comme le cœur.

— Que signifie cela? — s'écria le médecin. — On pourrait croire que cet homme a perdu tout son sang dans une hémorragie. Mais jamais hémorragie ne fut aussi complète!... Le mystère reste intact!...

Les intestins furent examinés.

L'homme est mort en sortant de table... — reprit le docteur. — La digestion était à peine commencée... — Que signifie cela? — Voyons le cerveau...

On retourna le cadavre et on enleva, à l'aide d'une petite scie, une partie de la boîte osseuse, ce qui permit de poursuivre les investigations commencées.

Nulle trace de congestion. — Au cerveau comme ailleurs, absence de sang.

— Inexplicable!... Incompréhensible!! — murmura le docteur avec découragement. — Je m'y perds!...

Soudain il tressaillit.

Sur la face externe du cou il venait d'apercevoir une petite raie de deux à trois centimètres de longueur, plus blanche que la peau.

— Qu'est-ce que cela? — se demanda-t-il.

Il posa son doigt sur la raie en opérant une légère pression.

Les bords de l'épiderme, fouillés par le scalpel de Jacques Lagarde, s'écartèrent aussitôt, laissant échapper un suintement d'une eau singulière.

— Ah ! — s'écria le docteur, — voilà donc le mot de l'énigme !... — Regardez !

Et avec deux de ses doigts il disjoignait non seulement la peau, mais la chair, laissant voir une ouverture béante.

— Mais c'est une blessure !... — dit le chef de la Sûreté.

— Oui, monsieur... — Cet homme a été assassiné !

— N'a-t-il pu se blesser par accident ?...

— Non, c'est impossible... — il a été frappé par une main habile... il a été littéralement saigné comme on saigne un animal... — l'artère a subi une incision longitudinale par laquelle tout le sang du corps est parti... — Ce malheureux a eu affaire à une main très au courant de l'anatomie et des opérations chirurgicales !...

— Vous êtes certain de cela, docteur ?...

— Absolument certain, et je suis épouvanté... — Je n'aurais pas mieux trouvé l'artère... je n'aurais pas opéré l'incision d'une main plus ferme !... — Qui donc a commis ce crime ?

— Et dans quel but ? — murmura le chef de la Sûreté.

— Un complice des vols, ayant la crainte d'être

dénoncé, pouvait avoir un intérêt à tuer Fauvel... — fit observer Raymond.

— Alors, — répliqua le médecin, — ce complice avait fait ses études et maniait le scalpel comme un professeur !... — Voilà, messieurs, une affaire bien mystérieuse... — depuis que je suis attaché à la Préfecture, je n'en ai pas vu de semblable... — Êtes-vous certains de l'identité de cet homme ?

— Je l'affirme... dit Raymond.

En ce moment on avertit le chef de la Sûreté qu'une voiture cellulaire venait d'arriver amenant les voleurs de livres qu'elle était allée prendre au dépôt.

L'ordre fut aussitôt donné de les introduire.

Tous les trois reconnurent sans hésiter le bouquiniste de la rue Guénégaud.

La veuve de l'avocat Labarre et son fils, mandés en toute hâte, affirmèrent, eux aussi, que le défunt était bien Antoine Fauvel.

Le doute n'était plus possible.

Madame Labarre fut atterrée par le crime dont son frère avait été victime, et le jeune séminariste, s'agenouillant auprès de la table de dissection, fit une prière pour l'âme de son oncle, — et Dieu sait que la pauvre âme en avait grand besoin !...

La sœur de Fauvel demanda à rendre les derniers devoirs à son frère.

Il lui fut répondu que l'inhumation ne pouvait avoir lieu sans une autorisation du procureur de la République, et qu'elle serait officiellement prévenue quand cette autorisation serait donnée.

Elle se retira avec son fils.

Le médecin légiste se mit en devoir de rédiger le procès-verbal de l'autopsie faite par lui et les conclusions qu'il en tirait.

Le chef de la Sûreté quitta la Morgue pour se rendre auprès du procureur de la République.

Raymond sortit avec lui.

Le père de Paul était libre de retourner à son logis, mais cette liberté toute provisoire ne pouvait le satisfaire.

Il voulait obtenir un congé de quelques semaines. Seulement, — nous le savons, — son peu de succès de la veille ne l'enhardissait guère à présenter sa requête.

Cependant la situation n'était plus la même.

Sa mission avait pris fin puisque la justice savait ce que Fauvel était devenu, et que n'ayant pu l'avoir vivant elle le possédait mort.

Donc, il lui semblait pouvoir espérer que le chef serait, cette fois, moins inflexible.

— Monsieur, — dit-il tout en marchant, après une ou deux minutes de silence, — serais-je aujourd'hui plus heureux qu'hier ?

— Plus heureux, Raymond... — répéta le chef, — à quel propos ?

— A propos de la faveur que je sollicite de vous...

— Ah! oui, ce congé... Vous y tenez beaucoup ?

— Beaucoup, monsieur, et si je l'obtiens ma gratitude sera profonde.

— Je vais donc prendre sur moi de vous satisfaire, mais dans une certaine mesure et avec certaines restrictions... Je vous accorde un congé de quinze jours, en me réservant le droit de vous rappeler si, entre temps, j'avais besoin de vous... Je ne puis faire ni plus ni mieux.

Raymond s'inclina.

— Vous faites ce que vous pouvez, monsieur, — dit-il, — et j'en suis très reconnaissant, croyez-le...

Et, de fait, il l'était de ces quinze jours accordés qu'il pourrait passer à côté de Paul.

Il retourna chez lui, tandis que le chef de la Sûreté se rendait au parquet.

A l'hôtel de la rue Miromesnil on vivait depuis le matin dans une sorte de fièvre.

C'était le jour fixé pour l'ouverture du cabinet de consultations du docteur Thompson, et tout faisait supposer que, grâce aux réclames chauffant à blanc la curiosité et disposant à l'enthousiasme, les consultants seraient légion.

Il convient d'ajouter que les professeurs de la

Faculté de médecine et les notabilités scientifiques, qui avaient reçu la visite du docteur américain et causé longuement avec lui, étaient les premiers à reconnaître son rare mérite, sa haute intelligence, son savoir très étendu.

Ils ne le jalousaient point, certains qu'il ne pourrait leur causer aucun préjudice et arrondir sa clientèle au détriment de la leur, puisqu'il avait le bon esprit de se cantonner dans une spécialité, — l'ANÉMIE, — et qu'il affirmait son irrévocable résolution de n'en pas sortir.

Jacques Lagarde, mettant à profit ses idées tournées vers un même but, avait composé un médicament soumis par lui à l'examen d'une des commissions de la Faculté et, à la suite d'un rapport très élogieux, il avait obtenu l'autorisation de préparer lui-même et de donner chez lui ce médicament dont il ne voulait point que les pharmaciens s'appropriassent la formule.

En d'autres termes il s'en réservait le monopole, gardant son secret, mais mettant gratuitement à la disposition des hôpitaux les quantités de son produit qui lui seraient demandées par les chefs de service.

Naturellement ce produit, dont personne, — sauf les médecins de la commission, — ne connaissait la composition, et dont on n'avait point encore expérimenté les effets, passait déjà dans le public pour un remède infaillible, incomparable, presque miraculeux.

Dès avant midi plus de vingt personnes attendaient dans le salon de l'hôtel l'heure où la porte du cabinet de consultation s'ouvrirait pour les laisser passer une à une.

Ce salon d'attente, grand, meublé avec luxe, orné de tableaux de maîtres et d'objets d'art d'une certaine valeur, était précédé d'un vestibule dans lequel un enfant de treize ans environ, vêtu en page selon la mode anglaise et américaine, se tenait assis derrière un petit bureau et distribuait à chaque arrivant un numéro d'ordre afin d'éviter toute réclamation et toute contestation.

Au fond du salon se trouvait une porte recouverte d'une lourde portière de tapisserie.

Elle conduisait au cabinet de consultation installé d'une façon tout à la fois élégante et sévère, tendu de lampas d'un vert sombre formant des panneaux encadrés d'ébène, et garni de grandes bibliothèques d'ébène incrustées de cuivre.

Un large bureau du même style, — le bureau du docteur, — se trouvait placé entre les deux fenêtres, de manière à ce que la plus vive lumière tombât sur les consultants, tandis que le médecin lui-même se trouverait dans la pénombre.

Une porte double, occupant un angle du cabinet,

donnait accès dans une pièce aménagée à peu près comme une pharmacie et garnie de rayons sur lesquels se pressaient des bocaux et des fioles étiquetés.

Au milieu de cette pièce se trouvait une table en partie couverte d'un amoncellement de petites boîtes, d'un modèle uniforme, enveloppées chacune d'un *prospectus* ou *instruction* imprimé en quatre langues.

Marthe, assise derrière cette table, avait devant elle un énorme registre relié en chagrin vert à coins de métal argenté.

Ce registre devait lui servir à la transcription de chaque ordonnance que le consultant lui communiquait en sortant du cabinet du docteur.

Elle prenait en outre le prix de la consultation, fixé à un louis, en échange duquel elle remettait à chacun une boîte contenant le médicament ordonné.

Muni de cette boîte, le consultant sortait par une porte qui le conduisait au vestibule en lui évitant de traverser de nouveau le salon d'attente.

Marthe avait reçu les instructions du docteur dont le but, en la plaçant à ce poste, nous paraît facile à comprendre.

La jeune fille toujours en grand deuil était vêtue d'une robe de crêpe noir montante, mais au corsage rigoureusement ajusté. — La demi-transparence de l'étoffe laissait entrevoir ou plutôt deviner des bras d'une forme exquise et les rondeurs d'une poitrine digne de la statuaire antique.

L'admirable chevelure blonde de Marthe, relevée très haut de manière à coiffer d'un casque d'or sa tête fine, et couvrant à demi le front de mèches folles, donnait à sa beauté si chaste un je ne sais quoi de troublant et de capiteux.

Dans ce costume d'une simplicité voulue, l'orpheline était littéralement irrésistible.

Jacques Lagarde, chaque fois qu'il la regardait, sentait un petit frisson courir sur sa chair.

Vingt personnes au moins, nous l'avons dit, se trouvaient dès avant midi dans le salon que nous avons décrit, attendant l'heure de la consultation.

Il y avait là des mères de famille avec leurs enfants aux visages blafards et amaigris, aux paupières rougies, pauvres êtres que l'anémie dévorait.

Il y avait des mondaines surmenées par l'abus des plaisirs de toutes sortes, claquées, vannées, finies, et venant demander aux ressources de la science les moyens de continuer le même genre de vie.

Dans un angle du salon, Raymond Fromental était assis à côté de son fils Paul.

Presque en face d'eux une femme fort belle, et qui semblait jeune encore malgré ses quarante ans sonnés, parlait tout bas à un adolescent de figure sympathique, mais très pâle et très maigre, portant le costume ecclésiastique.

C'était madame veuve Labarre qui, suivant le conseil de feu son frère Antoine Fauvel, amenait son fils à la consultation du spécialiste que la mode allait adopter.

Madame Labarre, nous le savons, aimait peu ce fils qui, selon elle, la vieillissait, mais elle voulait qu'il pût atteindre sa majorité et le dénouement du procès criminel intenté à Jérôme Villard, car elle croyait fermement que le valet de chambre du comte de Thonnerieux se déciderait à parler et à donner des indications précises sur le testament de son maître.

Or l'idée fixe de la digne veuve, — nous le lui avons entendu dire à elle-même, — était de mettre la main sur l'héritage destiné à son fils.

Cette idée fixe lui faisait même oublier la mort de son frère.

XXVII

La pendule placée sur la cheminée de marbre vert sonna une heure.

A cette minute précise la porte du cabinet de consultations s'ouvrit et le docteur Thompson parut.

Tout le monde se leva pour le saluer.

Il répondit à ces saluts par une légère inclinaison de tête, accompagnée d'un gracieux sourire, traversa le salon dans toute sa largeur, ouvrit la porte conduisant au vestibule et dit quelques mots à voix basse au jeune garçon chargé de la distribution des numéros d'ordre.

Jacques Lagarde s'était habillé comme pour aller dans le monde. — Il arborait la cravate blanche, l'habit noir, et le gilet largement ouvert sur un plastron d'une blancheur éblouissante.

Ce costume, que si peu de gens savent porter avec

distinction, allait bien à sa taille mince et souple et à sa tête intelligente, que la barbe taillée en fer à cheval, à la mode américaine, ne parvenait ni à enlaidir, ni à rendre vulgaire.

De nouveau il traversa le salon, en sens inverse, se dirigeant vers son cabinet.

Raymond, suivi de son fils, lui barra le passage.

Jacques le reconnut du premier coup d'œil pour l'homme avec qui il avait causé quelques jours auparavant au restaurant de l'île.

— Ah! c'est vous, monsieur, — dit-il en lui tendant une main que Raymond prit et serra, — je vous remercie de l'honneur que vous me faites et de la confiance que vous me témoignez... — Vous vous êtes souvenu de notre conversation... je ne l'avais pas oubliée non plus, vous le voyez... — Quel est votre numéro d'ordre?

— Le numéro 1... — fit Raymond en souriant, — avant midi nous étions ici...

— Je suis heureux que vous soyez le premier auquel je donnerai mes conseils, et je n'aurai pas à faire de passe-droit pour vous recevoir tout de suite... — Ce jeune homme est votre fils? — ajouta le médecin en désignant Paul.

— Oui, monsieur... — répondit Fromental.

— Il me semblait le reconnaître, quoique je n'aie fait que l'apercevoir.

Paul s'inclina.

— Veuillez donc entrer dans mon cabinet... — reprit Jacques Lagarde en soulevant la lourde portière qui masquait la porte et en faisant passer devant lui le père et le fils, avec lesquels il disparut.

Le pseudo-Thompson, par sa bonne mine et par ses façons courtoises, avait fait à première vue la conquête de tous ses futurs clients.

— Asseyez-vous là, monsieur... — dit-il à Raymond, — et vous, jeune homme, ici, près de moi...
— Nous allons causer longuement et sérieusement...
— Je commencerai par vous dire, avec une entière franchise, que depuis le jour peu éloigné où je vous ai vu, vous avez changé beaucoup... et ce n'est point à votre avantage.

— Je vous entends avec quelque surprise affirmer que vous m'avez vu, monsieur, — murmura Paul, — car je ne me souviens nullement, moi, de vous avoir rencontré jamais...

— Vous n'avez pas eu l'occasion de me remarquer... — je vous ai aperçu d'assez loin, et c'est en votre absence que j'ai dit à votre père combien il me semblait utile de prendre certaines précautions pour vous donner les forces qui vous manquent, et combattre chez vous les progrès de l'anémie, car vous êtes anémique, mon cher enfant...

— C'est la maladie à la mode, monsieur le docteur... la maladie élégante... — répondit Paul en riant.

— Si élégante qu'elle soit, j'espère bien lui porter un coup dont elle ne se relèvera pas... — J'ai besoin d'étudier votre sang, et pour l'analyser permettez-moi d'en prendre une goutte...

— Dois-je retirer mon vêtement ?

— Oh ! pas le moins du monde... — Donnez-moi votre main...

— Laquelle ?

— Peu importe...

Paul tendit sa main gauche.

Le docteur la prit, pressa fortement l'un des doigts, — l'annulaire, — entre les siens, puis, à l'aide d'une épingle d'or, en piqua l'extrémité.

Une goutelette de sang parut aussitôt.

Jacques la recueillit sur un morceau de verre qu'il plaça sous un microscope d'une force de grossissement considérable, et à l'aide de ce microscope il se mit à l'étudier, non point en charlatan qui veut en imposer au public crédule, mais en homme de science très sérieux et très convaincu.

Laissons-le se livrer à ses consciencieuses investigations et franchissons le seuil de la pièce voisine, assez semblable, nous l'avons dit, à une pharmacie.

Dans cette pièce se trouvait Marthe, assise devant une table supportant un amoncellement de petites boîtes étiquetées, et un gros registre vierge encore dont nous connaissons la future destination.

N'ayant en ce moment rien à faire, la jeune fille parcourait d'une façon distraite un volume de roman prêté par Angèle.

Elle entendit le docteur entrer dans son cabinet ; elle l'entendit parler, mais sans percevoir d'une façon bien distincte les paroles qu'il prononçait et auxquelles elle n'apportait d'ailleurs aucune attention.

— Les consultations sont commencées... — pensa-t-elle.

Et elle continua sa lecture en attendant qu'un client vînt lui remettre, en même temps que le prix de la consultation, une ordonnance à transcrire sur le registre *ad hoc*.

Tout à coup elle tressaillit.

Le son d'une voix qui n'était pas celle de Thompson arrivait jusqu'à elle et faisait bondir son cœur.

Il lui semblait la reconnaître.

Elle prêta l'oreille avec une dévorante attention.

La voix se tut, et le docteur reprit la parole, mais cette fois Marthe entendit très distinctement ce qu'il disait.

Quand il eut achevé, la seconde voix — (celle qui venait de la frapper si vivement) — se fit entendre de nouveau.

Un tremblement nerveux agita le corps tout entier de l'orpheline.

Elle avait maintenant la certitude de ne point se tromper en croyant reconnaître cette voix.

C'était celle du jeune pêcheur des rives de la Marne qui lui avait rapporté son livre; avec qui elle avait causé longtemps; auquel, depuis ce jour, elle pensait sans cesse. — C'était enfin la voix de l'inconnu qu'elle aimait et que, par un hasard prodigieux, elle retrouvait là, près d'elle, à la consultation du docteur Thompson.

Il venait consulter...

Donc il avait à combattre une maladie!... il lui fallait des soins!

Le cœur de Marthe bondit de nouveau, mais cette fois ce fut de douleur et d'angoisse.

L'orpheline essaya de se rassurer en se persuadant qu'elle était dupe d'une ressemblance d'organes, mais elle n'y parvenait point.

— Si je pouvais voir, — murmura-t-elle.

Quittant aussitôt son siège et s'approchant de la porte avec précaution, elle se pencha et mit son œil au trou de la serrure.

Elle voyait, mais le champ de son regard était limité, et juste en ce moment le docteur venait d'appeler Raymond et Paul auprès du microscope, et les trois personnages ne se trouvaient pas dans l'espace restreint qu'embrassait sa vue.

Ceci n'empêcha point la jeune fille de rester à son poste d'observation, attentive, anxieuse, tremblante.

Le docteur parlait.

— Regardez, mon cher enfant, — dit-il à Paul en lui désignant le microscope, — et décrivez ce que vous verrez...

Le jeune homme appliqua son œil à l'orifice supérieur de l'appareil grossissant, disposé à peu près comme une lorgnette à un seul tube, et examina curieusement la gouttelette placée sur le morceau de verre.

— Eh bien ? — demanda le pseudo-Thompson.

Paul répondit :

— Je vois une large goutte d'eau au milieu de laquelle se trouve un globule rouge...

— Formant à peu près un douzième de la goutte, n'est-ce pas ?

— Oui.

— Eh bien ! la partie rouge est un globule de sang enveloppé d'un liquide incolore, qui devrait être du sang aussi mais qui n'est qu'une sérosité résultant de l'anémie... — Je suis fixé à cette heure sur la quantité de sang que contiennent vos artères et vos veines... — Venez vous rasseoir près de moi et causons.

Le docteur reprit son fauteuil.

Paul se réinstalla à côté de lui.

Marthe avait toujours l'œil fixé sur l'intérieur du cabinet par le trou de la serrure.

Elle vit passer des corps dont les têtes se trouvaient hors du champ de son rayon visuel, puis, ces corps s'étant assis, elle aperçut les visages...

Paul se trouvait juste en face d'elle, en pleine lumière.

En voyant ses joues pâles, ses paupières rougies, ses lèvres décolorées, Marthe ne put retenir deux larmes.

— C'est bien lui, hélas !... — se dit-elle, — quel changement !... — Combien son mal doit être grave !

— Vous êtes un travailleur, n'est-ce pas, mon enfant ? — demanda le médecin au jeune homme.

— Oui, monsieur le docteur, j'aime l'étude.

— Vous avez, dans ces derniers temps, étudié beaucoup...

— Beaucoup, c'est vrai...

— Lorsque vous marchez vite ou que vous vous livrez à quelque effort inaccoutumé, n'éprouvez-vous pas des palpitations de cœur ?

— Oui, plus ou moins fortes, selon la rapidité de la marche ou la somme de force dépensée...

— Êtes-vous quelquefois triste sans motif, fatigué sans raison, capricieux et facile à irriter ?

— Cela m'arrive souvent... trop souvent...

— Eh bien ! ce sont les plus fréquents entre les symptômes généraux de l'anémie... Votre sommeil est-il agité ?

— Presque toutes les nuits...

— En outre, votre respiration est saccadée, votre pouls inégal... — Votre constitution n'étant pas très forte, les excès de travail ont facilement, et depuis longtemps déjà, développé chez vous l'anémie, mais ceci ne doit point nous inquiéter... Je prends l'engagement de vous guérir, et très vite, pour peu que vous vous y prêtiez...

— Monsieur le docteur, je suivrai ponctuellement vos ordonnances... — Tout ce que vous me direz de faire, je le ferai.

— Je n'en doute pas, mais ce n'est pas seulement de votre obéissance que j'ai besoin, c'est de votre confiance... il me la faut absolue, sans restriction...

— Je vous assure, monsieur le docteur, que j'ai la plus grande confiance en vous...

— Il ne suffit point de le dire, il faut le prouver...

— Comment ?

— En me répondant avec une entière franchise, quelles que soient les questions que je vous adresserai...

— Je suis prêt...

— Nous allons voir... J'ai été péniblement surpris

du changement survenu dans votre apparence en un laps de temps de huit jours à peine... Je crois pouvoir vous affirmer que le brusque délabrement de votre santé, trop visible sur votre figure, ne provient point de l'anémie.

Raymond regarda le médecin avec autant d'admiration que d'étonnement.

— Lui aussi, — pensa-t-il, — lui aussi croit à l'existence de quelque douleur secrète... — C'est une véritable divination!!

Paul avait tressailli.

Marthe, haletante, retenait son haleine pour mieux entendre.

— Mon cher enfant, — poursuivit le pseudo-Thompson avec une véritable onction, — un médecin est un ami auquel il faut se livrer sans réserve comme à un confesseur... — On ne doit rien cacher à l'un si l'on veut la guérison des maladies de l'âme, ni à l'autre si l'on veut la guérison des souffrances du corps... Or, vous nous cachez quelque chose, à votre père et à moi... — Vous avez une douleur... un tourment... un chagrin peut-être... — Voyons, faites un effort, et répondez franchement.

— Vous vous trompez, monsieur le docteur, — murmura Paul avec contrainte, — je n'ai rien... je vous assure que je n'ai rien... absolument rien...

Jacques Lagarde secoua la tête.

— Vous ne me persuaderez point cela, mon enfant... — reprit-il ensuite; — ma connaissance des hommes me permet de lire dans votre âme et dans votre cœur aussi couramment que dans un livre...
— A côté du mal physique signalé par moi chez vous, et facilement guérissable si vous le voulez, il y a la souffrance morale que je ne puis traiter puisque j'ignore quelle est sa nature, mais dont j'ai constaté l'existence, et qui vous tue...

— Je vous en prie, monsieur le docteur, je vous en supplie, — fit vivement le jeune homme, — ne m'interrogez pas...

Raymond intervint.

— Cher fils, — s'écria-t-il, — quel mauvais esprit te pousse à l'obstination dans le silence? — Ne comprends-tu pas qu'il s'agit de te sauver la vie, de te rendre la santé?... Moi aussi j'ai deviné que tu éprouvais une douleur, un chagrin, un tourment!...

— Mon père... mon père... — bégaya Paul —vous me torturez...

— Songes-y, mon enfant, — continua Raymond, — songes-y donc!... Si tu mourais, que deviendrais-je, moi, sur cette terre où je resterais seul?... — Pense à ton père qui t'aime plus que tout et qui n'a que toi à aimer... — Dis-nous franchement quelle est ta souffrance. Nous chercherons à la soulager et nous y parviendrons sans doute!... Fais-nous connaître ton chagrin, et je me sens de force à remuer le monde, s'il le faut, pour le dissiper !...

Paul serra son front dans ses mains fiévreuses...

— Oh ! mon secret... mon secret... — fit-il avec une sorte de terreur, — ils vont me l'arracher !...

Jacques Lagarde eut un sourire aux lèvres.

— Croyez-vous donc, — demanda-t-il, — croyez-vous qu'il soit si difficile à deviner, ce secret que vous voulez défendre contre nous ? — Vous ne pouvez avoir, à votre âge, qu'un secret à cacher... un secret d'amour...

— Tu aimes ? — s'écria Raymond.

Marthe ne respirait plus.

En entendant la question posée par Fromental à son fils, elle appuya la main sur le côté gauche de sa poitrine, afin de comprimer les battements de son cœur qui lui semblait prêt à se rompre.

Paul allait-il répondre ?

Allait-il la nommer ?

L'aimait-il en effet ?

En face de ce triple problème, Marthe se sentait près de défaillir.

XXVIII

Soudain, le jeune homme prit un parti.

— Eh bien! oui, monsieur le docteur... Eh bien, oui, père... — s'écria-t-il en se levant et d'une voix fiévreuse. — Vous ne vous trompez pas... — j'aime !... j'aime de toutes les forces de mon âme...

— Et c'est cet amour qui te tue ? — demanda Raymond effrayé.

— Je ne sais s'il me tue, mais il m'étreint... il me dévore...

— Celle que vous aimez est-elle donc indigne de vous ? — fit Jacques Lagarde.

— Indigne de moi !! Quel blasphème !... — Elle est aussi pure qu'elle est belle, j'en suis sûr, comme je le suis de l'aimer...

— Eh bien! alors, pourquoi souffrez-vous ? — Y a-t-il donc entre elle et vous quelque obstacle insurmontable?...

— Il y a le plus terrible de tous... Elle est perdue pour moi... — Je ne sais où la retrouver!... — Si j'avais la certitude de n'être point séparé d'elle à tout jamais, je pourrais espérer... je ne souffrirais pas... j'attendrais.

— Comment se peut-il que vous ne sachiez pas où la retrouver?... Vous la connaissez, cependant...

— Je ne la connais pas... j'ignore son nom... je ne sais rien d'elle... Je la vis un jour et je fus ébloui de sa beauté... je lui parlai... elle me répondit... sa voix me charma... sa parole m'enchaîna... Brusquement, dès la première minute, je lui donnai mon âme... je l'aimai pour toute ma vie... — Je ne la revis plus, sauf une fois, de loin... Un homme déposait un baiser sur son front... — Ce baiser me fit souffrir comme si on me brûlait le cœur avec un fer rouge... — Depuis, plus rien... elle est partie... Je ne sais où elle est, je ne sais si elle reviendra...

— Cette jeune femme est peut-être mariée... — dit Jacques Lagarde...

— Je l'ignore... et cette ignorance me désespère... — Peut-être la retrouverai-je un jour, et ce sera pour souffrir plus encore si elle n'est pas libre!... — Maintenant, mon père, tu sais mon secret... — Vous connaissez mes souffrances, monsieur le docteur... Vous voyez bien qu'il n'y a point de guérison possible pour moi, à moins de retrouver celle dont le souvenir remplit ma pensée et qui désormais est toute ma vie...

— Elle est partie, dis-tu ? — demanda Raymond.

— Oui, père.

— N'as-tu pas cherché à savoir où elle était allée ?

— J'ai questionné sans rien apprendre... — M'était-il permis d'ailleurs de poursuivre une enquête compromettante pour celle que j'aimais en secret et qui ne m'avait point donné le droit de l'aimer ?

— Nous la chercherons ensemble, mon fils... Nous la retrouverons... et tu seras heureux...

Raymond avait prononcé cette phrase pour calmer le chagrin du jeune homme, pour lui donner quelque espérance, mais sans la moindre conviction.

Il continua, en prenant la main de Paul :

— Courage, enfant ! L'amour ne doit point faire mourir, puisque son but est de donner la vie !...

— J'ai décidé le malade à nous montrer sa blessure... — dit le pseudo-Thompson, — c'est beaucoup. — Maintenant, monsieur, partageons-nous la tâche... — Je guérirai le corps... — Chargez-vous de la guérison de l'âme... Quant à vous, mon cher enfant, soyez homme, ne vous laissez point abattre et songez à votre père... — Je vais écrire une ordonnance... Me promettez-vous de la suivre rigoureusement?

— Je vous le promets, monsieur le docteur.

Jacques prit une feuille de papier et se mit à écrire.

Dans la pièce voisine, Marthe, l'âme et le cœur suspendus aux lèvres de Paul, avait écouté avec une joie délirante l'aveu du jeune homme auquel on venait d'arracher son secret.

Mais à l'ivresse de cette joie se mêlait une épouvante.

Paul souffrait par elle...

Paul la croyait à jamais perdue pour lui...

Et elle était là, près de lui, tout près... Une porte seulement les séparait !...

Elle n'aurait eu qu'à pousser cette porte, à se montrer, à dire à celui qui se mourait d'amour :

— Me voici... — L'espoir vous est permis... — Je suis libre et je vous aime !

Hélas ! elle ne le pouvait pas... Elle ne le devait pas...

La timidité virginale la condamnait à l'immobilité.

Le devoir la rendait muette.

Soudain, une pensée traversant son cerveau la fit palpiter.

La consultation touchait à sa fin.

Paul allait venir sans aucun doute en acquitter le prix et, muni de son ordonnance, faire inscrire son nom sur le registre ouvert devant elle.

Il la verrait.

L'allégresse succéderait au chagrin, l'espérance au découragement. — La maladie morale n'ayant plus de raison d'être, la guérison physique ne se ferait point attendre, et de cette guérison elle pourrait revendiquer une large part !...

De nouveau, elle entendit la voix du docteur.

La consultation était terminée.

Marthe courut reprendre sa place.

— Voici l'ordonnance relative à votre régime, mon cher enfant, — dit Jacques à Paul en lui tendant une feuille de papier; puis il ajouta en prenant une boîte sur son bureau : — Et vous trouverez là-dedans les granules que je vous ordonne... Dans huit jours revenez me voir... et surtout revenez le visage joyeux et le cœur tranquille... C'est vous, monsieur, que cela regarde... — poursuivit-il en s'adressant à Raymond qui répondit :

— Soyez tranquille, docteur.

— Songez que là est le salut.

— Je ferai l'impossible.

— C'est ce qu'il faut.

Après un silence, Fromental reprit avec une nuance très visible d'embarras :

— Permettez-moi maintenant, monsieur le docteur, de vous demander quel est le prix de la consultation, par conséquent ce que je vous dois.

— Cher monsieur, — répliqua Jacques en souriant, — votre fils est le premier malade qui se présente à moi... Je le regarde comme un porte-bonheur et je me considère comme son obligé... — En le guérissant gratuitement je ne ferai que lui payer ma dette... Donc ne parlons pas d'honoraires... Je refuse d'en accepter... — Vous êtes des amis pour moi, et non des clients. — Maintenant, au revoir... Dans huit jours, ici... — C'est convenu...

Le docteur tendit la main à Raymond et à Paul, qui la serrèrent avec effusion ; puis il ajouta, en les conduisant à une porte qui de son cabinet ouvrait directement sur le vestibule :

— Sortez par là... — Il est inutile aujourd'hui de faire transcrire votre ordonnance.

Une nouvelle poignée de main fut échangée... — Le père et le fils se retirèrent, et la porte se referma derrière eux.

Marthe, nous le savons, ne guettait plus depuis quelques secondes les paroles échangées dans le cabinet du pseudo-Thompson, mais le bruit de cette porte s'ouvrant et se refermant frappa son oreille.

Elle comprit, devint très pâle, et son cœur un instant dilaté se serra douloureusement.

Paul Fromental ne passerait point auprès d'elle et ne la verrait pas...

Toutes les espérances échafaudées sur cette entrevue s'anéantissaient.

— J'ai oublié de m'informer du nom de mon premier client... — pensa Jacques Lagarde. — Mais peu importe... Je réparerai cet oubli dans huit jours.

Il toucha le bouton d'une sonnette électrique.

Le jeune garçon préposé à la distribution des numéros d'ordre se présenta.

— Avez-vous remarqué les deux personnes qui viennent de sortir? — lui demanda le médecin.

— Oui, monsieur le docteur...

— Êtes-vous sûr de les reconnaître?

— Oui, monsieur le docteur.

— Eh bien! lorsqu'ils se présenteront l'un et l'autre ou l'un ou l'autre, vous ne leur donnerez pas de numéro... Vous les amènerez directement dans mon cabinet...

— Ce sera fait, monsieur le docteur...

— Faites entrer le *numéro deux*.

Une dame fut introduite.

Nous laisserons momentanément Jacques Lagarde à sa consultation, pour nous occuper des faits et gestes de son secrétaire Pascal Saunier, ou plutôt Pascal Rambert...

Pascal ne se trouvait pas à l'hôtel de la rue de Miromesnil et n'avait point paru au déjeuner.

Depuis la veille il suivait à la piste l'ouvrier tapissier

Amédée Duvernay, l'un des héritiers du comte de Thonnerieux, et sa maîtresse, la gentille Virginie.

Jacques lui ayant dit qu'il importait de se hâter, il n'avait point perdu de temps et, s'étant fort adroitement procuré l'adresse du jeune homme, il surveillait la maison qu'il habitait.

La veille au soir il avait vu Amédée revenir de son travail, s'attabler devant un verre de vermout avec un camarade chez un *mastroquet* voisin, et il y était entré derrière lui.

Disons entre parenthèses que, grâce à une visite à la garde-robe bien fournie de la rue de Puébla, Pascal offrait l'apparence d'un domestique de bonne maison en petite tenue.

Il demanda un verre de madère au garçon, ce qui constituait aux yeux de ce dernier une consommation *distinguée*.

Amédée causait de choses et d'autres avec son camarade et n'accorda pas la moindre attention au nouveau venu.

— Tu reviens tard, aujourd'hui... — lui disait son copain.

— Oui... — répondait-il, — je suis allé travailler à Saint-Denis et, tel que tu me vois, j'en arrive...

— Est-ce que tu y retourneras demain ?

— Non... C'est demain jeudi, et comme j'ai eu à finir un travail pressé, j'ai promis à Virginie de la conduire à la campagne... Elle adore ça, la campagne.

— Où irez-vous ?

— Ah ! ça, mon vieux, c'est encore à chercher. Virginie, quand je suis parti, n'avait pas décidé l'endroit. Elle flottait entre Sèvres, Bougival, Nogent-sur-Marne et Corbeil... Je suppose que tout à l'heure, en rentrant, je la trouverai fixée.

— Gentille petite femme, Virginie.

— Je te crois, mon vieux !

— Elle travaille toujours pour la confection ?...

— Toujours.

— Jamais de chômage ?

— Jamais !... — Elle a de l'ouvrage par-dessus la tête... — Oh ! c'est une bûcheuse ! et adroite !... — Des doigts de fée, comme on dit... — Aussi, il n'y en a que pour elle au magasin...

Pascal ne perdait pas un mot de la conversation.

— Est-ce que vous avez déménagé ? — demanda le camarade.

— Pas du tout. — Nous demeurons toujours au même endroit, là à côté, rue Julien-Lacroix... — Virginie se plaît dans notre logement, et elle ne le quitterait pas pour un entresol au Grand-Hôtel...

— Et, ce mariage, ça tient-il encore ?

— Comment ?... Comment, si ça tient ? — Mais

plus que jamais !... — C'est pas des choses qui se décollent, ça !... C'est sérieux !

— Alors, ça va-t-il bientôt venir?

— Faut attendre que je sois majeur... Sans ça papa ne donnerait jamais son consentement et maman ferait comme papa.

— Tu sais ce que tu m'as promis?

— Que tu serais de la noce, parbleu ! — Aucun danger que je t'oublie... — Maintenant, à la tienne... — Je solde les vermouth et je file!

— Tu es si pressé que ça?

— Très pressé... — Je suis en retard. — Nous allons ce soir au café-concert !

— Quel, le café-concert?

— L'Alhambra, faubourg du Temple... — Viens nous y rejoindre si ça te dit. — Au revoir, vieux.

— Au revoir.

Les deux camarades se séparèrent.

Pascal paya sa consommation, sortit, descendit la rue de Belleville et le faubourg du Temple jusqu'au coin de la rue du Château-d'Eau, entra dans un restaurant où il dîna, et en sortant de table se rendit au café-concert de l'Alhambra.

Il y avait du monde.

On riait à se tordre des couplets d'une chanson ultra-grivoise, chantée et mimée avec des sous-entendus et des gestes plus qu'égrillards par la *diva* de l'endroit, adorée des habitués.

L'ex-secrétaire du comte de Thonnerieux chercha une table.

Si le jeune tapissier mettait à exécution le projet dont il avait parlé une heure auparavant, il n'était, selon toute apparence, pas encore arrivé avec Virginie.

En conséquence, Pascal se plaça de manière à pouvoir surveiller l'entrée et se fit servir un mazagran.

Deux ou trois chanteurs et chanteuses se succédèrent, ceux-ci braillant des insanités à prétentions drôlatiques, ceux-là roucoulant des inepties à prétentions mélancoliques.

Pascal n'écoutait guère, et tout en buvant son mazagran à petites gorgées, ne perdait point de vue la porte.

Tout à coup un sourire écarta ses lèvres et ses yeux brillèrent.

Il venait d'apercevoir Amédée Duvernay, ayant à son bras Virginie, que Pascal reconnut sans peine au portrait tracé par Jacques.

Le jeune homme cherchait une table libre, et n'en découvrant aucune, paraissait fort déconcerté.

— Tu vois, — lui disait Virginie non sans une petite pointe d'aigreur, — nous arrivons trop tard... — Du côté de l'orchestre tout est plein...

— Nous tâcherons de nous caser par ici...
— C'est peu drôle !... nous serons trop loin.
— Bah! nous aurons moins chaud. — Tiens, voilà une table où il n'y a qu'une personne... Allons-y!...

Amédée justement désignait la table où se trouvait Pascal Saunier.

Ils s'en approchèrent.

En les voyant venir, l'associé de Jacques Lagarde sourit de nouveau et s'empressa de s'effacer poliment pour leur laisser le passage libre.

XXIX

— Pardon, monsieur, — dit Virginie à Pascal en s'asseyant à côté de lui, — nous allons un peu vous gêner...

— Mais pas le moins du monde, madame... au contraire!... — répondit d'un ton galant l'ex-secrétaire du marquis de Thonnerieux, — je vous en prie, mettez-vous à votre aise...

— Merci, monsieur, vous êtes très aimable...

Amédée s'était installé de l'autre côté de la jeune femme.

— Qu'est-ce que tu prends? — lui demanda-t-il en voyant le garçon planté devant eux, attendant leurs ordres.

— Un bock...

— Eh bien, garçon, deux bocks...

Puis le jeune homme s'empressa d'ajouter, en tapissier loustic.

— Avec *bains-de-pieds*, sans *faux-cols*...

— Deux bocks sans faux-cols. — Boum !...

Et le garçon s'éloigna.

Pascal avait enveloppé Virginie d'un coup d'œil investigateur.

C'était, nous le savons, une jolie fille, très fraîche, très attrayante, mais il ne songeait guère à s'occuper de sa beauté.

Son attention se fixait tout entière sur une mince chaîne de métal brillant au cou de l'ouvrière, chaîne dont les deux extrémités se perdaient entre les rondeurs de la poitrine.

— La médaille est au bout, — se dit Pascal.

Le garçon venait d'apporter les consommations demandées, et le rideau de la petite scène se baissait pour indiquer que la première partie du concert était terminée.

— A ta santé, — fit Virginie en heurtant son bock contre celui d'Amédée, qui répondit naturellement : — *à la tienne!*... — et qui, après avoir dégusté, non sans une notable grimace, la bière de qualité douteuse, demanda :

— Voyons... s'agirait de nous entendre... — Es-tu toujours décidée à faire demain une partie de flâne et de campagne ?

— Plus que jamais.... — J'ai averti tantôt à l'atelier qu'on ne compte pas sur moi demain et que je n'irais rien reporter...

— Bon. — Alors convenons de notre itinéraire pour décamper demain matin dès le *patron-minette*...

— Oui... par le premier train...

— Entendu... Mais faut d'abord savoir où nous rons.

— Ah ! voilà...

— Tu as une idée ?

— Oui... — je voudrais un endroit solitaire, où il y ait des arbres et de l'eau... quelque chose comme une île déserte...

— Une île déserte avec un restaurant, hein ?

— Bien sûr, il faut un restaurant.

— Allons à Bougival.

— Ah ! non, par exemple !...

— Pourquoi ?

— Pas assez d'ombre...

— Aux Buttes-Chaumont ?...

— On te parle sérieusement et tu dis des bêtises...

— Veux-tu aller à Corbeil ?

— Il n'y a pas de bois...

— A la forêt de Bondy ?...

— Il n'y a pas d'eau...

— Je donne ma langue au chat !... — Décide...

— Qu'est-ce que tu penserais de la forêt de Chantilly ?

— Moi ? rien du tout...

— Je te propose d'y aller...

— Y a-t-il de l'eau et un restaurant ?

— Il y a de tout.

— Comment le sais-tu ?

— C'est une camarade de l'atelier qui y a passé une journée, la semaine dernière, avec son amoureux, et qui m'a raconté que c'était superbe.

— Votre camarade avait raison, madame, — dit Pascal en se mêlant à la conversation, — la forêt de Chantilly est admirable en effet.

— Ah ! vous la connaissez ? — demanda le tapissier.

— Beaucoup... Je l'ai parcourue souvent, et dans tous les sens... — Il y a des étangs d'une beauté surprenante, entourés d'arbres vieux comme le monde... — Vous trouverez pour restaurants des maisons de gardes où vous pourrez manger une matelote, une omelette et un lapin sauté, en arrosant le tout d'un petit vin gentil et pas trop cher.

— Alors, va pour la forêt de Chantilly. — Est-ce loin ?

— Vous avez une heure de chemin de fer.

— Diable ! une heure...

— C'est un peu long... — dit Virginie câline. — Mais si c'est si joli que ça...

— Oh! ravissant! — reprit Pascal. — Vous ne pouvez choisir un plus agréable but de promenade, et je vous garantis que quand vous serez là vous ne regretterez pas d'avoir fait le voyage.

— Quel chemin de fer prend-on?

— Celui du Nord.

— Où faut-il descendre?

— A la station d'Orry-la-Ville qui se trouve en pleine forêt... — Si vous vous décidez, — poursuivit Pascal, — et que vous preniez le premier train, j'aurai le plaisir de vous enseigner la route des Etangs...

— Ah bah! Vous y allez?

— Je vais à Orry payer à un fermier des fourrages que mon patron a achetés dernièrement...

— Vous êtes en place? — demanda Amédée.

— Oui, monsieur... Homme de confiance dans une bonne maison... — Mon patron est absent de Paris pour le quart-d'heure... Je suis maître de mes journées, et au lieu de vous montrer le chemin des Etangs je pourrai vous y conduire, tout en allant payer ma note à Orry...

— Ma foi, monsieur, ce n'est point de refus! — répondit Amédée. — Puisque vous allez là-bas et que vous êtes maître de votre temps, ça nous fera grand plaisir si vous avez la complaisance de nous montrer les bons endroits... — N'est-ce pas, Virginie ?

— Mais certainement... — Nous de pouvons qu'être satisfaits de l'amabilité de monsieur... — D'ailleurs, je suis de l'avis du proverbe... *Plus on est de fous, plus on rit !*

— Et, — reprit Pascal avec un sourire, — je me charge de vous faire manger un faisan chez un des gardes...

— Un faisan... — A cette époque ! — Mais la chasse est fermée...

— Jamais pour les gardes... — Vous verrez ça...

Derrière le rideau de la scène on venait de frapper trois coups, et l'orchestre commençait une ouverture.

— On va chanter... — dit Virginie... — Ecoutons...

— Vous offrirai-je un bock ? — demanda Pascal à Amédée.

— Je l'accepterai volontiers, à charge de revanche...

Le garçon apporta trois bocks.

On trinqua, puis, comme la toile se levait, on prêta l'oreille au dialogue prétentieux et aux couplets ineptes d'une opérette de pacotille.

Pascal, lui, n'écoutait guère.

Son attention était ailleurs.

Il combinait ses plans pour le lendemain.

L'opérette terminée, le rideau baissa au milieu

des applaudissements du public facile de l'endroit.

— C'est rigolo tout plein!... — s'écria Virginie.

— Vous aimez beaucoup le théâtre, madame? — dit Pascal.

— J'en suis folle.

— C'est-à-dire qu'elle se passerait de dîner pour courir voir un drame ou une féerie, — appuya le jeune tapissier. — Mais ce soir je suis d'avis de ne point attendre la fin du concert, et d'aller nous reposer pour être frais et gaillards demain matin... — Hein, Virginie?

— Ça va. — J'aime bien le théâtre, mais j'aime encore mieux la campagne...

— Alors, monsieur, nous vous verrons demain matin? — demanda Amédée à Pascal qui répondit :

— Oui... — Je prendrai avec vous le premier train...

— A quelle heure?

— Rendez-vous à six heures moins un quart à la gare du Nord...

— Nous serons exacts...

A la sortie du café-concert on échangea des poignées de main, puis Virginie et Amédée prirent le chemin des hauteurs de Belleville.

Pascal, lui, monta dans un fiacre et se fit conduire à son logement de la rue de Puébla.

Là, il écrivit à Jacques un billet de quelques lignes

qu'il se proposait de mettre à la poste le lendemain matin, et il se coucha.

Son sommeil fut de courte durée.

A quatre heures et demie, le jeune homme était debout.

Il fit sa toilette, reprit son costume de la veille et se rendit pédestrement à la gare du Nord.

Chemin faisant, il glissa sa lettre dans une des boîtes de la poste.

A cinq heures et demie, il arrivait au lieu du rendez-vous.

A six heures moins un quart, il vit s'arrêter près de lui une voiture de laquelle descendirent Amédée et Virginie.

La jeune femme portait une toilette de campagne très simple, mais aussi très coquette.

Pascal leur tendit les mains.

— Ah! comme c'est bien à vous, monsieur! — s'écria Virginie joyeuse. — Nous nous demandions en route, Amédée et moi, si vous n'alliez pas nous faire faux-bond.

— Jamais!... — Quand j'ai promis, je tiens toujours.

— Alors, ça va bien, — dit Amédée en riant. — J'ai dans ma folle idée que nous allons rigoler un brin.

— Prenons nos billets.

— Je m'en charge, — fit Pascal.

— C'est ça. — Nous compterons ensuite...

— Oui... oui... Ne vous préoccupez pas de si peu de chose...

Et l'associé de Jacques Lagarde se dirigea vers le guichet.

— Il est gentil, ce garçon-là... — murmura le jeune tapissier. — Il me botte... Je le gobe tout à fait !..

— Homme de confiance dans une bonne maison, c'est une position, ça... — dit à son tour Virginie. — Ça doit rapporter gros...

— Je te crois !

Pascal revenait avec les tickets.

— Vite ! vite !... — fit-il. — Nous n'avons que le temps ! — Venez !

— Quelles places avez-vous prises ?

— Des secondes... — Avec une dame on ne peut aller en troisièmes... — La galanterie française s'y oppose !

Nos trois personnages traversèrent la salle d'attente, gagnèrent le train prêt à partir et s'installèrent dans un compartiment où, à cette heure matinale, ils se trouvèrent seuls.

La vapeur siffla. — La machine se mit en marche.

Cinquante-cinq minutes après elle stoppait, et un employé courant sur le quai jetait ces mots :

— Orry-la-Ville... — Coye...

— Nous sommes arrivés... — dit Pascal.

Les deux hommes et la jeune femme descendirent.

La petite gare où ils venaient de mettre pied à terre est située en pleine forêt de Chantilly, à égale distance de deux villages enfouis sous les arbres et peu fréquentés par les promeneurs parisiens, Orry-la-Ville et Coye.

De la gare absolument isolée partent deux routes taillées dans la forêt, l'une à droite, l'autre à gauche, et conduisant aux villages que nous venons de nommer.

— Sapristi de sapristi! — s'écria le tapissier en se voyant absolument entouré d'arbres. — C'est superbe ici, mais ça me donne soif... — Il n'y a pas un *mastroquet* où on pourrait ingurgiter un verre de vin blanc en cassant une croûte ?

— Avec un morceau de fromage !... — ajouta Virginie. — Ça nous donnerait des jambes...

— Il n'y en a point... — répliqua Pascal. — Mais à Orry-la-Ville nous trouverons un cabaret très propre où on nous servira du vin frais et une omelette au lard... — Pendant que l'omelette sera dans la poêle, j'irai payer ma note, et je serai ensuite libre comme l'air...

— Adopté...

Virginie fit observer qu'il fallait s'inquiéter de l'heure du dernier train.

Pascal alla s'informer et revint apporter cette réponse :

— Le dernier train montant vers Paris passe à neuf heures du soir.

— C'est trop tôt !... — murmura la jeune femme — on n'aura pas seulement le temps de voir lever la lune... et j'aime tant ça !

— Ne vous préoccupez point du départ, — répliqua Pascal — j'ai une idée...

— Quelle idée ?

— Je vous la dirai plus tard, quand j'aurai la certitude qu'elle est réalisable.

— Ah ! par exemple, vous pouvez vous vanter de m'intriguer ferme, vous !

— Patience...

On descendit la route conduisant à Orry.

Virginie, grisée par l'air vif du matin et par les balsamiques émanations des bois, courait sur la lisière de la forêt, cueillant des fleurs dont elle faisait un bouquet énorme.

Amédée et Pascal, égayés par cette gaieté, chantaient en chœur un des refrains de café-concert entendus la veille au soir.

A Orry on entra dans un cabaret de modeste mais propre apparence, portant pour enseigne ces mots :

Au rendez-vous des Chasseurs

Une paysanne balayait l'unique salle, où se voyaient

quelques tables de noyer brunies par un long usage.

Amédée commanda une omelette au lard et une bouteille de vin blanc.

— Trois couverts, — dit Virginie.

— La bouteille et les verres tout de suite.. — ajouta le tapissier, — il fait soif!... Avec l'omelette, on cassera les reins à une seconde fiole du même!!

— Il a l'air d'aimer boire, — se dit Pascal. — C'est un joli atout dans mon jeu...

L'aubergiste apporta la bouteille et les verres, et tandis qu'elle allait préparer l'omelette commandée, sa fille, une enfant de quatorze à quinze ans, dressait le couvert.

XXX

Amédée remplit les verres d'un petit vin blanc léger, pas du tout désagréable et plus capiteux qu'il n'en avait l'air.

— Je vais me débarrasser tout de suite de ma course et je reviens, — dit Pascal après avoir porté la santé de Virginie.

Il sortit, resta dehors pendant dix minutes et reparut au moment où on allait servir l'omelette qu'on arrosa de trois bouteilles, sans compter la première prise comme apéritif et, après ce repas frugal on partit d'un pied léger pour se rendre aux étangs.

Virginie et Amédée, surexcités par le petit vin blanc, se montraient d'une gaieté folle.

Pascal semblait partager cette gaieté, mais son entrain n'était que factice.

La journée était belle. — Une fraîche brise tempérant l'ardeur des rayons du soleil permettait de respirer à l'aise et de marcher sans fatigue.

On entra dans la forêt, et par une large avenue on déboucha sur la chaussée de l'un des quatre étangs qui, placés l'un à côté de l'autre, forment une nappe d'eau longue de plus d'une lieue, et ombragée par des arbres séculaires.

A l'horizon, constituant un splendide fond de tableau, se dessinaient la silhouette élégante du château de la Reine-Blanche, et le grand viaduc du chemin de fer du Nord, traversant les marais et supporté par des arceaux de soixante mètres de hauteur.

— Ah ! mazette ! — s'écria Virginie dans un élan d'enthousiasme, — c'est encore plus beau que le square du Temple !...

Amédée, moins sensible aux charmes du pittoresque, se contenta de dire :

— C'est étonnant comme la vue du paysage me donne soif.

Pascal se mit à rire.

— Si tu as soif autant que ça dès le matin, — fit observer Virginie, — qu'est-ce que ce sera ce soir ?

— Ça sera ce que ça sera !... — répliqua le jeune tapissier. — Depuis bientôt un mois je n'ai guère bu que de l'eau rougie... — Quand je pincerais ce soir un petit plumet gentil, histoire de rigoler un peu, je ne vois point du tout où serait le mal...— Est-ce ma faute si j'ai la pépie?... — D'ailleurs, nous sommes ici pour nous amuser, n'est-ce pas, monsieur? — Et à propos, dites-moi donc votre nom... c'est agaçant d'appeler les gens *mossieu*, on a l'air de la faire à la grande pose...

— Je m'appelle Isidore... — répondit Pascal.

— Eh bien! mon vieux Zidore, moi, voilà mon caractère... Quand il faut bûcher, je bûche, mais quand je suis en noce, je noce... — Ai-je raison?

— Vous avez raison...

— Tu entends, Virginie... Zidore trouve que j'ai raison... Vive Zidore!... En voilà un qui me comprend!... Allons voir le château là-bas...

— Je crois, — dit Pascal, — qu'auparavant nous ferions bien d'aller commander notre déjeuner à la maison du garde...

— Il est plein de bonnes idées, ce Zidore! — Montrez-nous le chemin! — Pas accéléré, en avant, arche!!... Nous vous emboîtons!...

Pascal, suivi par Amédée qui se cramponnait au bras de Virginie pour marcher droit, prit un chemin ombragé côtoyant le lac, et l'on arriva rapidement à la ferme de Commèle, demeure du sous-brigadier des gardes, dont la femme accueillit les promeneurs avec un sourire de bienvenue en leur demandant ce qu'ils désiraient.

— Nous voudrions déjeuner, ma chère dame, —

répliqua l'associé de Jacques Lagarde. — Je suis déjà venu chez vous... on y est bien, c'est pour ça que j'y reviens avec des amis... Qu'est-ce que vous pouvez nous donner ?

— Voulez-vous une matelote de carpe et de tanche ?... il y en a dans la boutique.

— Parfaitement.

— Avec ça, un lapin de garenne sauté vous irait-il ?

— Il nous irait.

— Et pour finir, un poulet rôti.

Pascal se mit à rire.

— Vous pourrez nous servir ce rôti comme poulet, — dit-il ensuite. — Mais, entre nous, nous aimerions mieux l'appeler faisan.

— Justement mon mari en a trouvé un pris au collet par les braconniers, ce matin, en faisant sa ronde... Oh ! ces braconniers, quelle clique !... — Je vous le mettrai à la broche et je l'accompagnerai d'une bonne salade de cresson...

— Bravo ! — pour dessert des fraises, si vous en avez... du fromage à la crème de la ferme, et du café...

— N'oubliez pas le vin, mon vieux Zidore, — glissa le jeune tapissier — dans l'oreille de Pascal qui répondit :

— Soyez tranquille. — Nous boirons un petit bourgogne dont vous me direz des nouvelles.

Puis, s'adressant à la femme du sous-brigadier, il ajouta :

— Ma chère dame, vous mettrez notre couvert sous les grands arbres, n'est-ce pas? — Nous serons ici à midi sonnant...

— Tout sera prêt...

Nos trois personnages allèrent visiter les ruines du château de la Reine-Blanche et furent de retour à la ferme à l'heure annoncée.

Les estomacs criaient famine.

Le déjeuner était excellent et fut apprécié à sa valeur.

Les bouteilles de petit bourgogne se succédèrent avec une invraisemblable rapidité. — Amédée ne savait plus ce qu'il disait, et Virginie commençait à déraisonner complètement, mais tous les deux avaient la griserie gaie.

A quatre heures seulement on prenait le café, appuyé de flacons de rhum et de cognac.

— Mon vieux Zidore, — bégayait Amédée d'une voix pâteuse, — tu es un camarade... un vrai... un bon... et tu peux te vanter de nous avoir procuré une journée d'agrément...

— Ah! v'oui... ah! v'oui... — approuvait Virginie.

— Et ce n'est pas fini ! — répliqua Pascal.

— Ah bah !

— Le moment est venu de vous dire mon idée...

— Cause, mon vieux... elle doit être fameuse ton idée !... Vas-y !...

— Voici donc ce que je propose : — Au lieu de rester ici jusqu'à la nuit à écouter le ramage des grenouilles, nous traverserons la forêt tranquillement, nous attendrons à la gare le train qui nous mettra à Paris à huit heures, nous prendrons une voiture et nous irons finir la soirée à la campagne, dans la maison de mon patron dont je suis le seul gardien. — Là, je vous offrirai une friture et des écrevisses, arrosées de quelques bonnes bouteilles de champagne numéro 1...

— Du champagne et des écrevisses, oh ! mes rêves ! — balbutia Virginie avec un soupir de béatitude.

— Où ça se passera-t-il ! — demanda le tapissier.

— Sur les bords de la Marne.

— Connus, les bords de la Marne... très chic ! — Adopté ! — Partons illico. — Mais où coucherons-nous ?

— Dans la maison de mon patron les lits ne manquent pas. Et demain matin on sera frais et dispos pour rentrer à Paris.

— Vive la joie ! — cria Virginie tout à fait lancée. — Amédée, paye la note.

— Ça me regarde... — dit Pascal, — et je...

— Du tout ! — interrompit Amédée, — à moi le déjeuner, à toi la friture et le champagne...

— Allons, soit !

La note payée, on se mit en route.

Amédée titubait.

Virginie zigzaguait.

Tous les deux riaient et chantaient, se grisant de plus en plus à chaque pas.

Pour atteindre la gare il fallut plus d'une heure.

Aussitôt arrivés, tandis que les deux jeunes gens se laissaient tomber sur une des banquettes de la salle d'attente, Pascal, qui s'était ménagé tout en feignant de boire, courut au bureau du chef et lui demanda :

— Puis-je envoyer une dépêche à Paris, monsieur ?

— Très bien.

L'ex-secrétaire du comte de Thonnerieux prit une feuille de papier et traça les mots suivants :

GARNIER

CAFÉ DE LA GARE SAINT-LAZARE

Huit heures, ce soir, attendre avec voiture, gare du Nord.

PASCAL.

Il tendit la dépêche au chef qui la transmit immédiatement au bureau de Paris.

En ce moment il était six heures et demie.

— Jacques, prévenu par ma lettre de ce matin, doit attendre au café de la gare Saint-Lazare à partir de six heures... — se dit Pascal, — le train arrivera en gare du Nord à huit heures vingt minutes seulement... Jacques aura donc le temps de s'y rendre et de parer à tout...

On entendit siffler la vapeur.

Pascal avait pris trois billets de première classe.

Il alla chercher sur leur banquette et fit monter dans un compartiment Amédée et Virginie qui déraisonnaient de la façon la plus complète et la plus réjouissante. La vapeur siffla de nouveau et le train s'éloigna à grande vitesse de la station d'Orry-la-Ville.

Rejoignons le docteur Thompson dans son cabinet de l'hôtel de la rue Miromesnil.

Les consultations commencées à une heure devaient se terminer à quatre, les réclames publiées par les journaux l'avaient appris au public.

A trois heures et demie, vingt personnes dûment examinées par le spécialiste et mises en possession de leur ordonnance, s'étaient fait inscrire sur le registre confié aux soins de Marthe.

Le numéro 21 fut appelé.

Madame veuve Labarre et son fils se levèrent et furent aussitôt introduits dans le cabinet où Jacques Lagarde rendait ses oracles.

Le médecin fit prévenir les personnes assez nombreuses qui se trouvaient encore dans le salon d'attente qu'il ne recevrait plus ce jour-là, mais que les numéros délivrés et non utilisés passeraient les premiers le lendemain.

Les clients déçus s'éloignèrent très vexés, maugréant un peu, mais se promettant bien de revenir le jour suivant.

Jacques avait jeté un coup œil investigateur sur les deux nouveaux consultants. — En voyant le séminariste il eut quelque peine à réprimer un mouvement de surprise.

— Veuillez vous asseoir, madame.... — dit-il en désignant un siège à la veuve; puis il ajouta: — C'est évidemment pour ce jeune homme que vous venez me consulter...

— Oui, monsieur... pour lui... pour mon fils...

Le pseudo-Thompson fit un geste d'étonnement dont on aurait pu suspecter la sincérité.

— Votre fils ! — répéta-t il. — En vérité, madame, pour le croire il faut vous l'entendre dire... — Vous paraissez la sœur aînée de ce jeune homme, et non sa mère...

Madame Labarre, châtouillée à l'endroit le plus sensible de ses prétentions, rougit de plaisir et d'orgueil et se dit *in petto :*

— Ce médecin est un homme tout à fait supérieur.

Jacques poursuivit :

— Quel âge a monsieur votre fils ?

— Dix-neuf ans... — Sa constitution, vous le voyez, monsieur, est frêle... — Il a mauvaise mine... — La croissance semble exercer une influence fâcheuse sur son tempérament...

Le docteur regarda son jeune client avec attention.

Les yeux du séminariste, très grands et très beaux, brillaient d'un feu sombre au milieu de son visage d'une pâleur anémique, et donnaient à sa physionomie une expression toute particulière d'irritation et de révolte.

— Y a-t-il longtemps que vous êtes au séminaire, monsieur ? — lui demanda Jacques.

— Trois ans... — répondit laconiquement le jeune homme.

— Depuis la mort de son père, de mon cher mari, monsieur... — ajouta la veuve. — Mon mari était avocat... l'honneur du barreau !... — Un instant il avait destiné son fils à suivre la même carrière, mais il m'a semblé qu'une prédisposition spéciale poussait le cher enfant vers les ordres religieux, et je n'ai pas cru devoir m'opposer à cette vocation...

Jacques voulut éclaircir un soupçon qui hantait son esprit depuis l'entrée de la mère et du fils dans son cabinet.

— Ne seriez-vous pas, madame, — demanda-t-il, — la veuve du très éminent avocat Labarre ?

— Oui, monsieur... Auriez-vous connu mon mari ?

— Non, madame, mais j'ai beaucoup entendu parler de lui et de vous...

— Par qui donc ?

— Par votre médecin attitré, à qui je devais une visite de déférence pour son grand mérite et qui, sachant que je m'occupais spécialement de l'anémie, m'a prévenu qu'il vous engagerait à m'amener votre fils, le séminariste...

— Il l'a fait, monsieur, et c'est sous ses auspices que je me présente à vous...

— Si vous n'étiez venue aujourd'hui, madame, j'aurais eu sans doute l'honneur de vous voir prochainement, car j'allais vous adresser — (peut-être même est-elle déjà partie) — une lettre par laquelle, m'autorisant de nos relations communes avec le docteur X..., je vous priais de vouloir bien assister à une petite réunion d'intimes qui doit avoir lieu chez moi dans quelques jours...

— Je vous suis très reconnaissante, croyez-le bien, monsieur, mais il ne me sera pas possible de me rendre à votre gracieuse invitation.

— Pourquoi donc ?

— Vous le voyez, monsieur, je suis tout en noir... — un deuil récent...

— Venez-vous donc de faire une perte douloureuse ? — demanda d'un air de vif intérêt le médecin qui savait à merveille à quoi s'en tenir.

— Une perte très douloureuse, oui, monsieur... — J'ai eu le grand chagrin de perdre mon frère... — le bibliophile Antoine Fauvel...

— Antoine Fauvel !... — répéta Jacques jouant l'étonnement avec un art merveilleux.

— Vous aviez entendu parler de lui ?

— Je le connaissais... si toutefois il s'agit bien du libraire Fauvel demeurant rue Guénégaud...

— C'est là, en effet, qu'il demeurait...

— Eh bien, je me suis trouvé en rapport d'affaires avec lui, — il m'a vendu ma bibliothèque... — Je n'en reviens pas ! — il y a huit jours, tout au plus, je l'ai vu pour la dernière fois ! — il paraissait se porter à merveille ! et il est mort !

— Hélas !

— Une maladie foudroyante s'est donc déclarée à l'improviste ?

— Non, monsieur... Mon pauvre frère a été assassiné...

— Assassiné !... — s'écria Jacques avec un geste d'horreur.

— Oui, monsieur... — Les médecins ont affirmé cela positivement, après avoir examiné le corps...

XXXI

— Ce que vous venez de m'apprendre me cause une impression très pénible, car j'estimais beaucoup Antoine Fauvel... — reprit Jacques après un silence. — Le meurtrier est-il arrêté ?...

— Non, monsieur... — répliqua madame Labarre.

— Le connaît-on ?

— Pas davantage.

— Sait-on du moins quel motif a pu pousser l'assassin à commettre ce crime ?

La veuve de l'avocat allait répondre.

Son fils ne lui en laissa pas le temps.

— Antoine Fauvel a été tué par un de ses complices, — dit-il d'une voix sèche.

— Mon enfant, — fit vivement madame Labarre, — songez-vous bien à la gravité de vos paroles ?...

— C'est très mal de parler ainsi de votre oncle, et je vous le défends...

— Eh! ma mère, je dis ce qui est, et vous le savez aussi bien que moi!... — répliqua le jeune homme.

— Mais non... mais non...

— Je soutiens que vous le savez, et tout Paris le sait comme vous! — interrompit le séminariste. — A son honnête commerce de librairie, mon oncle joignait malheureusement des opérations ténébreuses, des agissements criminels... — Une descente de police a donné la preuve du bien-fondé des accusations portées contre lui... — Il avait trouvé moyen de s'enfuir... — C'est dans sa fuite qu'il a été assassiné par des voleurs de livres dont il se faisait le receleur, et qui craignaient une dénonciation... — Vous portez le deuil de votre frère, et je n'ai point le droit de vous en empêcher, mais il n'y a ni crêpe à mon bras, ni deuil dans mon cœur, car ceux qui suivent les mauvais chemins ne peuvent m'inspirer ni pitié ni regrets!... J'ai demandé à Dieu de pardonner à Antoine Fauvel... Je ne pouvais faire plus...

— Mon fils, je vous ordonne de vous taire! — Vous m'offensez grièvement en manquant ainsi de respect à la mémoire de mon frère!

Jacques regardait avec attention et curiosité le séminariste dont le langage résolu, ferme jusqu'à la dureté, contrastait singulièrement avec son apparence débile.

Entre le fils et la mère il n'y avait aucune communauté de manières de voir, aucun courant de sympathie, cela sautait aux yeux.

Deux natures ne pouvaient être plus complètement dissemblables, au physique et au moral.

— Monsieur, — dit le médecin au jeune homme, — permettez-moi de n'être point de votre avis... — J'entrevois dans la mort tragique de votre oncle un mystère au sujet duquel il serait dangereux de se prononcer légèrement... — La police n'est point infaillible ; vous en aurez peut-être la preuve et vous regretterez alors d'avoir formulé trop vite un jugement trop sévère... — Quant à votre deuil, madame, je crois qu'il ne doit pas m'enlever l'espérance de vous recevoir chez moi... — Songez qu'il s'agit de réunions peu nombreuses, absolument intimes... — La causerie, toujours intéressante entre gens d'élite, un peu de musique... voilà tout... — Nous en reparlerons... — Je ne me tiens point pour battu... — Quant à présent, je vous demande la permission de questionner M. votre fils.

— Faites, monsieur...

— J'irai au devant de vos questions... — dit le séminariste ; — mon désir et ma volonté sont de vous renseigner de mon mieux sur la nature de ma maladie...

— Votre maladie n'est que trop visible, — interrompit le pseudo-Thompson, — vous êtes anémique...

— Mon sang est très pauvre, en effet, ou plutôt appauvri, je le sais.

— Vous travaillez beaucoup, sans doute, et vos travaux sont absorbants...

— Je travaille pour faire comme mes condisciples à qui je ne veux pas être inférieur, mais je vous assure que mes travaux ne m'absorbent point et que je n'y porte aucune passion... ni même aucun zèle. — La nature m'a doué d'une compréhension très vive, et d'une facilité très grande. — Si je suis classé parmi les premiers, je le dois à ces facultés natives, et non à des excès de travail... — Ce n'est donc point par le surmenage de mon cerveau que j'ai été conduit à l'anémie...

— Vous menez une existence très sédentaire...

— Oui — trop sédentaire... beaucoup trop.

— Le régime d'alimentation auquel vous êtes soumis est peut-être insuffisant et de nature à causer de sérieux désordres dans l'organisme qu'il affaiblit?

Le jeune homme secoua la tête.

— Cherchez ailleurs, monsieur, — dit-il, — la nourriture est abondante et saine...

— Des jeûnes fréquents vous sont imposés ?...

—Sans doute, mais avec un peu d'adresse il est facile

de tourner les règlements et de satisfaire son appétit...

— Que dis-tu là, mon enfant !... — s'écria madame Labarre, stupéfaite du langage de son fils. — Si tes professeurs t'entendaient, que penseraient-ils ?...

— Je ne suis point ici devant eux, ma mère, — répliqua le séminariste ; — je suis en face d'un homme, d'un médecin, et vous comptez sur lui pour relever ma santé chancelante... — Il a besoin d'être éclairé sur l'état moral de son client pour être à même de traiter l'état physique... — Un médecin est un confesseur... — Je me confesse.

Jacques Lagarde se mordait les lèvres pour ne pas sourire.

— Allons, — se disait-il, — Pascal était bien renseigné... Si ce jeune gaillard est au séminaire, c'est par la volonté de sa mère et non par la sienne !...

Puis, tout haut, il demanda :

— A quelle cause attribuez-vous votre état maladif ?...

Sans hésiter, le fils de l'avocat répliqua :

— A l'ennui, monsieur le docteur, à l'ennui lourd qui m'écrase et qui me tuera...

Madame Labarre intervint de nouveau.

— René... René !... — dit-elle vivement — en vous écoutant, je crois rêver !... Vous êtes insensé ! !

— Je ne suis pas insensé, ma mère... je suis franc, voilà tout ! Jusqu'à ce jour vous ne m'avez point permis d'exprimer sincèrement ma pensée devant vous... — Ce n'est point à vous aujourd'hui que je m'adresse... C'est au docteur. — Vous tenez à ma santé, n'est-ce pas ? à ma vie ?

— Si j'y tiens !... — répondit hypocritement madame Labarre avec une émotion simulée qui faisait trembler sa voix. — N'es-tu pas ce que j'ai de plus cher en ce monde ?... ma seule famille ?... mon fils enfin ?... — Je t'aime uniquement, plus que tout et plus que moi-même, comme une mère doit aimer son fils !... J'espère que tu n'en doutes pas... que tu n'en douteras jamais !...

René Labarre eut aux lèvres un sourire d'une expression indéfinissable, mais il garda le silence.

Jacques reprit :

— Ainsi, monsieur, c'est à l'ennui qui vous accable que vous attribuez votre dépérissement ?

— A lui et à lui seul.

— L'état ecclésiastique vous déplaît-il ?

— Je l'ai en horreur.

Madame Labarre devint un peu pâle, et leva ses yeux vers le plafond d'un air scandalisé.

— Croyez-vous donc, — demanda-t-elle, — que je vous ai amené ici pour vous entendre tenir au docteur ce langage révoltant et incompréhensible ?

— Le docteur me questionne, ma mère... dois-je mentir ?

— La carrière ecclésiastique ne vous paraît-elle donc pas sainte et sacrée ? — demanda le pseudo-Thompson.

— Elle me paraît telle... Elle me paraît admirable entre toutes, mais je me reconnais indigne de la suivre... — Mes désirs vont ailleurs... — C'est par obéissance et non par vocation que j'ai franchi le seuil du séminaire. — Ma mère est jeune encore et elle est toujours belle... —Ma présence auprès d'elle semblait la vieillir... Elle le croyait du moins... — Un grand fils dans sa maison portait ombrage à sa vanité et gênait ses plaisirs mondains...

— En voilà assez ! en voilà trop !... Taisez-vous ! — commanda madame Labarre d'une voix sifflante, les dents serrées.

— Pourquoi me taire ? — répliqua René froidement. — Pas une de mes paroles ne sera blessante, soyez-en sûre !... — Docteur, je continue : — Mon absence du logis paternel donnait une liberté sans limites à ma mère, bien convaincue d'ailleurs qu'une fois prêtre je dirais adieu à tous les liens terrestres, et que je la laisserais disposer à sa guise de la fortune, fort compromise aujourd'hui, dont je dois hériter si l'on retrouve un jour le testament volé du comte de Thonnerieux. A seize ans, j'ai consenti,

avec la faiblesse morale inhérente à cet âge, à essayer de la vie claustrale... — Certes, elle est sublime la mission de diriger les esprits vers le bien, les âmes vers le ciel ; de soutenir les humbles, de consoler les affligés, de mettre les puissants de ce monde en garde contre leur orgueil ; d'enseigner le devouement, la résignation, le sacrifice, et d'être le premier à les pratiquer, joignant ainsi l'exemple à la parole ; mais cette mission il faut l'accomplir avec entraînement, avec amour !... — C'est un crime de l'accepter quand on sent bien qu'on n'est point à sa hauteur ! c'est un crime de prêcher des vertus qu'on n'a pas ! d'indiquer à ceux qui vous écoutent un chemin qu'on ne suit pas soi-même !... d'avoir enfin la correction des discours, non la correction de la vie, et de remplacer la vertu par l'un des vices les plus honteux, l'hypocrisie !... — Or, je ne suis point fait pour résister aux tentations du monde ! — Si appauvri que soit le sang qui coule dans mes veines, il n'en aspire pas moins aux jouissances de toutes sortes...
— J'ai cru que je vaincrais facilement ma nature...
— J'ai détruit ma santé et j'ai été vaincu... Voilà l'unique résultat de mes efforts... — Pour me revivifier, il me faut l'air pur, la liberté, la vie active du travailleur, de l'industriel, dont la mission est noble aussi puisqu'il répand le bien-être autour de lui ! — Je ne puis pas enseigner le renoncement à

tout, puisque je ne veux, moi, renoncer à rien !... — Je ne puis pas faire le serment d'éternelle chasteté, puisque j'aspire aux joies de l'amour !

René se tut.

Madame Labarre venait de se lever. — Une colère sourde grondait en elle. — A deux reprises sa bouche s'était ouverte pour interrompre René ; mais du geste celui-ci lui avait imposé silence, tandis qu'il continuait avec une animation toujours croissante.

Son visage s'animait.

Une flamme jaillissait de ses yeux.

Il était vraiment beau ainsi, et Jacques Lagarde ne pouvait s'empêcher d'admirer cette soudaine transfiguration.

— J'espère que vous avez fini !... — dit la veuve d'un ton furieux. — Vous me manquez de respect !

— Que Dieu m'en garde ! — répliqua le jeune homme. — Mon âme, révoltée par le supplice d'une contrainte trop longue, d'un trop persistant étouffement, m'a donné le courage de dire la vérité devant vous, mais je n'en ai pour vous ni moins de tendresse ni moins de respect. — Il me semble que vous devez être heureuse de connaître enfin votre fils, de savoir ce qu'il pense réellement, et de ne plus ignorer la véritable cause d'un mal qui vous inquiète... — Certes, le docteur Thompson sera pour beaucoup dans ma guérison, mais malgré toute sa science il ne pourrait rien si la liberté sans limites et le travail sans contrainte n'étaient ses auxiliaires... — Ne vous inquiétez pas de moi, ma mère, je ne vous fatiguerai jamais de ma présence quand elle ne sera point désirée par vous, et, si la fortune m'arrive, je ne mettrai nulle entrave à votre désir de la garder en vos mains... — Que m'importe l'argent? Ce qu'il me faut, c'est non la richesse, mais une place dans l'existence ailleurs qu'au fond d'un cloître! — J'ai fini, monsieur le docteur... — Êtes-vous suffisamment renseigné?...

— Oui, mon cher enfant... — répondit Jacques.

— De ce que vous venez d'entendre, que concluez-vous?

— Que vous n'êtes aucunement fait pour l'état ecclésiastique.... — Madame votre mère le comprendra et cessera de vous imposer une volonté à laquelle vous devriez résister d'ailleurs, car la vie claustrale achèverait de détruire votre santé, et la santé est le souverain bien... Je vous soignerai... Je vous guérirai... — Quant à vous, madame, — ajouta le médecin en prenant avec un geste amical la main de madame Labarre, — vous avez le cœur trop rempli d'amour maternel pour ne pas accéder aux désirs de votre fils... — Vous ne pouvez ni ne devez lui imposer un long martyre! — Laissez-le marcher librement dans le monde, cherchant sa voie... — Je le crois doué d'assez de force de volonté, d'assez d'énergie, d'assez de courage, pour se créer une position... — Du reste, si vous le permettez et si cela lui convient, j'offre d'être son guide...

— J'accepte, et de bien grand cœur! — s'écria René.

Jacques pressait doucement la main de la belle veuve, qui sous cette pression sentait son cœur s'amollir et qui rougissait comme une jeune fille.

— Docteur, — fit-elle, — si René m'avait adressé plus tôt les observations que pour la première fois je viens d'entendre, je n'aurais point contrarié ses désirs, croyez-le bien. — Si tout à l'heure vous m'avez vue surprise, c'est que je croyais absolument à sa vocation sincère. — Je me trompais... N'en parlons plus. — Que le cher enfant soit libre. — Il devra cependant ne point oublier que notre fortune est restreinte.

— J'ai de l'instruction, ma mère, ce qui vaut souvent mieux que l'argent... — Mes études ont été brillantes... — Je puis les compléter en travaillant le droit, et devenir un avocat distingué, comme mon père...

— Les encouragements ne vous manqueront pas... — dit le pseudo-Thompson, — je vous promets les miens et je tiendrai parole.

XXXII

Après un court silence, le médecin continua :
— Maintenant, chère madame, permettez-moi de vous présenter de nouveau ma requête, avec l'espoir qu'elle sera mieux accueillie que la première fois...
— Dites-moi que vous me ferez l'honneur et le plaisir d'assister, ainsi que monsieur votre fils, à la petite réunion tout à fait intime dont je vous parlais tout à l'heure.

— Acceptez, ma mère, je vous en prie... — fit René... — je vous accompagnerai, très heureux de me retrouver auprès du docteur qui vient de se montrer si parfait pour moi.

— Mais, mon deuil... — murmura madame Labarre, très désireuse au fond de se laisser convaincre, car les regards de Jacques exerçaient sur elle une sorte de fascination.

— Votre deuil serait un obstacle pour un bal, pour une grande soirée, mais non pour une réunion de famille en quelque sorte... — répartit le médecin.

— Eh bien ! j'accepte... pour mon fils...

La veuve de l'avocat accompagna ces mots d'une œillade incendiaire lancée au pseudo-Thompson.

René sourit.

— Vous êtes bonne, ma mère, — dit-il avec un accent un peu sarcastique, — et je vous en remercie...

— Maintenant que j'ai obtenu ce que je désirais, — reprit Jacques Lagarde, — achevons la consultation.

— Nous sommes à vos ordres.

Le médecin adressa plusieurs questions au séminariste qui répondit avec abandon.

— Toussez-vous quelquefois ? — demanda Jacques.

— Quelquefois, oui, mais rarement.

— J'ai besoin de vous ausculter... — Découvrez, je vous prie, la partie supérieure de votre corps...

René enleva sa soutane et mit à nu ses épaules et sa poitrine.

Les épaules étaient maigres, la poitrine étroite et rentrée.

Jacques s'attendait à les trouver ainsi.

Son examen avait surtout pour but de s'assurer que le jeune homme portait au cou la médaille du comte de Thonnerieux.

En effet, cette médaille pendait sur la poitrine, enfermée dans un sachet de drap de tout point semblable à un scapulaire, et soutenue par un cordon de soie noire.

— La voilà ! — pensa le docteur. — A portée de ma main, et ne pouvoir la saisir !!

Puis ilausculta le séminariste selon les règles de l'art.

— C'est fini, mon cher enfant, — dit-il au bout de quelques secondes, — vous pouvez remettre vos vêtements... — Vous serez soumis à un régime fort sévère... — continua-t-il en se rasseyant à son bureau, — régime dont je vais noter une à une les prescriptions... — Si vous les suivez religieusement, je rétablirai vite votre santé compromise aujourd'hui d'une façon très sérieuse... — Vous avez besoin de fortifiants, de reconstituants... il vous faut en outre six grands mois de vacances, au moins, sans aucun travail et sans la moindre préoccupation... — Si vous quittez le séminaire, comme cela me paraît probable, voilà vos vacances toutes trouvées...

— Je demanderai d'abord quelques jours de congé, — répondit René Labarre, — et ma mère, lorsque je serai de retour chez elle, voudra bien faire annoncer au supérieur du séminaire que je m'étais trompé sur ma vocation, et que je renonce à l'état ecclésiastique.

Jacques avait achevé d'écrire son ordonnance.

Il la présenta à la belle veuve qui la prit d'une main un peu tremblante.

— Veuillez passer par ici, — dit-il ensuite en se levant. — On vous remettra les médicaments prescrits et on transcrira l'ordonnance sur un registre *ad hoc*... — Je vais, du reste, vous accompagner...

Et, ouvrant la porte de la pièce dans laquelle se trouvait Marthe, il fit passer devant lui la mère et le fils.

L'orpheline était à son bureau et attendait, la plume à la main.

Elle salua madame Labarre et le séminariste qui, tous deux éblouis par sa beauté, venaient de s'arrêter sur le seuil.

La veuve, après avoir enveloppé Marthe d'un regard où l'envie se mêlait à l'admiration, se tourna vers Jacques avec un sourire évidemment contraint, dont le docteur n'eut point de peine à comprendre le sens malveillant.

Ce sourire signifiait de la façon la plus claire :

— Quand une fille de cette beauté se trouve dans la maison d'un homme, on sait ce que ça veut dire...

Jacques sourit à son tour, et à la phrase qui n'avait pas été prononcée, mais qu'il devinait, répliqua :

— Une de mes parentes, madame, que j'aime comme si elle était ma fille...

Marthe salua de nouveau et madame Labarre, prenant au sérieux les paroles qu'elle venait d'entendre, daigna lui adresser un sourire qui cette fois n'exprimait que la bienveillance.

René dévorait la jeune fille du regard et il lui semblait sentir une flamme inconnue s'allumer dans ses veines.

Jacques constata du premier coup d'œil l'effet que produisait l'orpheline sur le séminariste, et s'applaudit *in petto* de la prodigieuse justesse de ses calculs.

— Ma chère Marthe, — dit-il, — veuillez prendre note du nom de M. René Labarre, et transcrire l'ordonnance qui le concerne...

Madame Labarre tendit cette ordonnance à la jeune fille et demanda :

— Aurez-vous la bonté, docteur, de m'apprendre ce que je vous dois?

— Nous compterons cela plus tard, chère madame, après la guérison... — répliqua Jacques Lagarde. — Votre fils n'est point pour moi un client ordinaire...
— Je désire qu'un compte lui soit ouvert...

— Comme il vous plaira, docteur.

Marthe avait achevé sa copie.

— Voici votre ordonnance, monsieur, et les médicaments qu'elle indique... — dit-elle à René en lui présentant, en même temps que le papier, une boîte et un petit flacon.

Le séminariste, les yeux toujours fixés sur Marthe, avança la main.

L'orpheline, rougissant sans en avoir conscience sous l'ardeur et la fixité de son regard, plaça dans cette main les trois objets.

Ses doigts délicats effleurèrent légèrement l'épiderme des doigts du jeune homme.

A ce contact, à peine perceptible cependant, René ressentit une sorte de commotion suivie d'un trouble étrange, — ses jambes faiblirent sous lui ; tout le sang de son cœur envahit son visage, mettant pendant une ou deux secondes un voile devant ses yeux.

— A bientôt, chère madame... — dit Jacques en serrant de nouveau, d'une façon presque tendre, la main de la belle veuve. — Vous trouverez chez vous votre invitation.

— Oui, à bientôt, docteur... — murmura madame Labarre que cette pression agitait délicieusement, — à bientôt...

Et, prenant le bras de son fils, elle sortit, accompagnée par Jacques jusqu'au vestibule.

— Voilà un garçon qui irait loin... s'il devait vivre... — pensa-t-il en regardant la belle veuve et René descendre l'escalier de l'hôtel.

Quand ils eurent disparu, il tira sa montre; elle indiquait quatre heures dix minutes.

Il retourna près de Marthe.

— Votre travail est achevé pour aujourd'hui, chère enfant, — lui dit-il. — Mettez vos comptes en règle, et ensuite allez faire au bois, avec Angèle, votre promenade hygiénique et quotidienne.

— Oui, monsieur le docteur.

— Envoyez chercher un landau de grande remise qui vous conduira jusqu'aux lacs; — ensuite mettez pied à terre et marchez pendant une heure... Votre santé l'exige... — Je ne sais si je dînerai ici ce soir... — J'ai des courses à faire. — Ne m'attendez pas pour vous mettre à table... — La recette a été bonne, n'est-ce pas, pour une première journée?

— J'ai encaissé vingt-cinq louis...

— Ce qui ferait par an cent quatre-vingt-deux mille cinq cents francs, s'il n'y avait pas d'augmentation... — On pourrait s'en contenter...

— Monsieur le docteur, faut-il ouvrir un compte à M. René Labarre?

— J'allais vous prier de le faire... — Au revoir, chère enfant.

Jacques embrassa Marthe sur le front d'une façon toute paternelle, mais en appuyant cependant son baiser un peu plus fort peut-être que ne l'aurait fait un père, puis il regagna son appartement particulier, changea de toilette et sortit.

Dix minutes après il arrivait à la gare Saint-Lazare, entrait au café qui se trouvait sous les arcades et qui vient de disparaître dans les démolitions générales nécessitées par l'édification de la nouvelle gare, et, s'adressant à la dame du comptoir, lui demandait s'il était arrivé un télégramme au nom de *M. Garnier*.

— Non... — répondit la dame, — je ne connais pas ce M. Garnier.

— C'est moi-même... — Un de mes amis doit m'adresser ici une dépêche qui m'obligera sans doute à prendre immédiatement le premier train partant pour Versailles... — Je vous serai très obligé de recevoir cette dépêche, et de me faire servir une absinthe en attendant qu'elle arrive...

— Bien, monsieur...

Jacques s'intalla dans un angle du café, prit son absinthe et lut un journal.

A cinq heures et demie il commanda un potage, une sole au vin blanc, une entrecôte Bercy, une bouteille de *Pontet-Canet* et dîna de bon appétit.

Enfin, à six heures et demie et quelques minutes, un facteur du télégraphe entra et remit au comptoir une dépêche dont la dame regarda la suscription, et qu'elle envoya immédiatement à Jacques par un des garçons.

Nous connaissons déjà le contenu de cette dépêche.

— A huit heures... — se dit le pseudo-Thompson après avoir lu, j'ai le temps...

Il acheva rapidement son repas et quitta le café.

Au moment où sonnaient huit heures à l'horloge de la gare du Nord, un coupé de maître, conduit par un cocher très barbu, arrivait à cette gare et venait se ranger du côté de l'arrivée...

A huit heures vingt minutes retentit le sifflet d'une locomotive.

Le train venant de Chantilly entrait en gare.

Amédée et Virginie dormaient chacun dans un des coins du compartiment de première classe où Pascal se trouvait seul avec eux.

Ils avaient d'abord bavardé, divagué, chanté, puis une lourde torpeur, résultant des libations immodérées, s'était emparée d'eux, amenant à sa suite le sommeil pesant de l'ivresse.

Un instant Pascal eut l'idée de profiter de ce sommeil pour enlever à Virginie sa médaille.

La réflexion l'arrêta.

Des complications sans nombre ne pourraient manquer de suivre ce vol et de le rendre inutile. — Il pourrait même devenir nuisible au succès final, en mettant sur leurs gardes les autres porteurs de médailles.

En conséquence il décida de s'en tenir au plan qu'il avait combiné.

Au moment de l'arrivée en gare, l'associé de Jacques Lagarde secoua vigoureusement les dormeurs, qui se réveillèrent plus gris qu'ils ne l'étaient en quittant Orry-la-Ville, car le mélange des vins et des alcools fermentait dans leurs têtes.

Pour quitter la gare ils furent obligés de se cramponner, l'un à droite, l'autre à gauche, aux bras que leur offrait Pascal.

La nuit commençait à venir.

Le cocher barbu, — qui n'était autre que Jacques Lagarde, — surveillait attentivement la sortie.

Il aperçut nos trois personnages et fit un signe à Pascal qui, s'approchant aussitôt de lui, demanda :

— Êtes-vous pris, cocher?

— Non, bourgeois, — répondit Jacques d'une voix enrouée. — Mais je n'ai que deux places.

— Je monterai à côté de vous... — fit Amédée qui semblait reprendre quelque peu d'équilibre.

— Non... non... — répliqua vivement Pascal, — mettez-vous tous les deux dans le sapin... Il faut que je sois sur le siège pour indiquer la route...

— Grimpe donc, mon vieux Zidore, — reprit le tapissier. — Mais, avant de partir, il faut s'humecter le gosier... Ça me brûle là-dedans comme si le feu y était...

Et il portait la main à la gorge enflammée par l'excès de la boisson.

— Oui... — appuya Virginie, — je m'imbiberais bien de quelque chose de rafraîchissant...

— Un perroquet vert anisé, par exemple... — ajouta le jeune Amédée.

— Va pour le perroquet, mais dépêchons-nous... — fit Pascal. — Cocher, je vous prends à l'heure... Nous allons chez le mastroquet... Vous n'avez qu'à nous suivre...

Il pensait tout bas :

— Ça va les achever... — ils seront finis...

On entra chez le marchand de vins où furent servies les absinthes qu'Amédée, dans son langage populaire, désignait sous le nom de *perroquets verts*.

— Voilà qui va faire un trou ! ça nous rendra de l'appétit pour manger nos écrevisses !... — dit Pascal en riant.

— Nos écrevisses... — répéta Virginie. — Enfin, où donc qu'elles sont, nos écrevisses ?

— Dans le réservoir de la propriété de mon patron, avec des carpes et des anguilles dont nous ferons une matelote qui se portera bien, et que nous arroserons de champagne, comme je l'ai promis...

La jeune ouvrière se leva galvanisée.

— En route !... — cria-t-elle. — Aux écrevisses !...

Amédée et Virginie s'installèrent dans le coupé, où deux secondes plus tard ils ronflaient.

Pascal monta près du cocher, et le cheval prit au grand trot la direction de Vincennes.

※
※ ※

En quittant le cabinet du docteur Thompson, Raymond Fromental, tout en éprouvant une sorte d'allègement, conservait de sérieuses inquiétudes, bien faciles à comprendre.

Il venait d'arracher à Paul le secret de son cœur et, désespéré du désespoir de son fils, il avait promis de retrouver la jeune fille objet d'un si violent amour.

Cette promesse, comment la tiendrait-il ?

S'il ne pouvait la tenir, comment s'y prendrait-il pour amener la guérison du cœur et de l'âme, sans laquelle la guérison physique serait impossible ?

Avant tout, il fallait questionner Paul, mais il ne crut pas devoir le faire à l'instant même.

— Rien ne presse, — se dit-il, — j'attendrai à demain.

XXXIII

— Père, — demanda Paul, — retournons-nous tout de suite à Créteil ?...

— Je crois, cher enfant, qu'avant de partir nous ferons bien d'aller présenter nos respects à madame la comtesse de Chatelux... — N'est-ce pas ton avis ?

— C'est mon avis, puisque c'est le tien...

— Tu verras Fabien en même temps... — Cela te fera plaisir, je suppose...

— Sans doute...

Le ton avec lequel ces deux mots furent prononcés exprimait une profonde indifférence.

Paul était retombé déjà dans sa tristesse habituelle qui l'empêchait de s'intéresser à quoi que ce fût.

On prit une voiture et Raymond donna l'adresse de madame de Chatelux, rue de Tournon.

La comtesse, au moment où le père et le fils se firent annoncer, causait avec Fabien.

Ce fut le jeune homme qui vint à la rencontre des visiteurs avec sa bonne grâce accoutumée.

Madame de Chatelux se montra charmante et affectueuse comme elle l'était toujours.

Elle fut étonnée douloureusement en constatant à quel point Paul était changé, mais elle ne fit aucune allusion à ce changement.

Elle se réservait d'en parler à Fromental quand elle se trouverait seule avec lui.

— Mon cher Paul, — dit Fabien à son ami, — je suis doublement heureux de te voir... — d'abord pour te serrer la main, ensuite pour t'annoncer la nouvelle visite que je compte te faire prochainement dans ton ermitage de Créteil...

— Tu seras le très bien venu... — répondit Paul, chez qui la glace parut se fondre. — Puis-je espérer que tu passeras plusieurs jours avec moi ?

— Mon cher enfant, ce ne sera pas possible... — fit madame de Chatelux, — je ne consens à vous le donner que pour une journée ou deux... — Quand il n'est pas là il me manque trop... et puis je suis sans cesse inquiète. J'ai peur qu'il ne lui arrive quelque chose... — C'est de la faiblesse, je le sais, mais contre cette faiblesse je ne puis rien...

Paul serra la main de son ami.

— Quand viendras-tu ? — lui demanda-t-il.

— Samedi.

— C'est-à-dire après-demain. — Arrive de bonne heure, au moins, que nous ayons le temps de pêcher un peu.

Fabien se retourna vers la comtesse et dit d'un ton insinuant :

— Si je partais vendredi soir, mère ? Tu ne me verrais guère moins et cela me donnerait une grande avance.

— Eh bien, soit. — Entendez-vous à ce sujet tous les deux.

— C'est ce que nous allons faire. — Viens avec moi, Paul.

Et le jeune homme entraîna son ami hors du salon.

La comtesse et Fromental restèrent seuls.

— Mon cher Raymond, — fit vivement madame de Chatelux, — votre visite était des plus opportunes... — Si vous n'étiez pas venu aujourd'hui, j'allais vous écrire pour vous prier de passer à l'hôtel le plus tôt possible...

— Aviez-vous donc à m'apprendre ou à me demander quelque chose de particulier, madame la comtesse ?

— Nous causerons de cela tout à l'heure... Mais d'abord parlons de votre fils... — Je n'ai pas besoin de vous dire que je l'ai trouvé bien changé... — Il est hors de doute que vous avez constaté vous-même ce changement qui saute aux yeux...

— Hélas ! oui, madame, je l'ai constaté comme vous, et j'en éprouve un profond chagrin...

— Quelle est la cause de ce changement qui nous afflige tous deux ?

— L'anémie, d'abord...

— L'anémie n'est point inguérissable...

— Certes !... Malheureusement, à cette cause s'en joint une autre, plus grave encore...

— Mais non sans remède ?

— Je l'espère... Seulement le remède sera difficile à trouver, j'en ai grand peur...

— Je ne comprends pas...

— Paul a été mis par le hasard en présence d'une jeune femme à laquelle appartiennent aujourd'hui toutes ses pensées.

— En d'autres termes il est amoureux ?...

— Comme un fou !

La comtesse sourit.

— Pourquoi donc, — répliqua-t-elle, — pourquoi donc me disiez-vous que le remède serait difficile à trouver ?

— Parce que c'est vrai...

— Allons donc ! Paul est joli garçon, et surtout

très sympathique... Celle dont les beaux yeux ont fait le mal se chargera de le guérir...

Raymond secoua la tête.

— Vous croyez cela, madame... C'est que vous ne savez pas tout...

— Apprenez-moi ce que je ne sais pas...

Fromental raconta à madame de Chatelux ce qu'il tenait de la bouche de son fils.

— Alors, — fit-elle après avoir écouté avec une profonde attention, — il ignore ce qu'est devenue cette jeune femme ou cette jeune fille ?

— Il l'ignore.

— Que suppose-t-il ?

— Rien... Quelles suppositions pourrait-il faire sans s'égarer, puisque pour lui tout est mystère ?

— Lui avez-vous demandé des renseignements ?

— Pas encore, mais je compte l'interroger, et pour peu qu'il me donne un léger indice, un point de départ, je chercherai...

— Et vos recherches seront couronnées de succès, car votre position à la préfecture vous permettra de les mener à bien, plus facilement que tout autre...

— Hélas ! madame, rien ne prouve que, si elles réussissent, elles doivent amener un résultat heureux... Paul a l'esprit romanesque, l'âme ardente... si son amour est allé à une femme qui ne soit pas libre ou qui en soit indigne, que ferai-je ?... — Le lu.

dire, ce sera briser son cœur... ce sera le tuer peut-être, dans l'état de faiblesse physique où il se trouve.

— Rien qu'en y pensant, je frissonne...

— Pourquoi prévoir un résultat funeste ? — L'inconnue dont il s'agit peut être une jeune fille libre et honnête.

— Sans doute, mais en admettant cela, qui sait à quelle condition sociale cette jeune fille appartient ? — Ne fait-elle point partie d'une caste plus élevée que la mienne ? — Mon fils pourra-t-il sans folie prétendre à sa main, lui qui n'a de fortune ni dans le présent, ni dans l'avenir, et dont l'unique héritage est le terrible passé de son père ?

En prononçant ces derniers mots d'une voix pleine d'angoisse, Fromental pressa son front brûlant entre ses deux mains.

— Je vous en prie, mon cher Raymond, — dit vivement madame de Chatelux, — ne vous épouvantez pas ainsi par avance... Aucune de vos conjectures n'est peut-être fondée... — Quant à votre position, j'espère qu'elle va changer et qu'avant peu vous serez redevenu maître de vous-même... C'est à ce sujet que je désirais vous entretenir...

— Vous avez daigné vous occuper de moi, madame ?...

— Oui... et je m'en occuperai encore... — J'ai vu plusieurs personnes influentes qui, à ma recommandation, apostilleront votre supplique au ministre de la justice; mais je tiens à ce que cette supplique soit remise au ministre lui-même par son secrétaire intime en qui il a la plus grande confiance, et que je compte aller voir samedi afin d'obtenir de lui qu'il vous rende ce service... et je l'obtiendrai certainement !...

— Oh ! madame, que vous êtes bonne ! s'écria Raymond, les yeux remplis de larmes de reconnaissance.

— Vous savez à quel point je suis heureuse de m'employer pour vous qui le méritez si complètement... Vous êtes toujours bien vu par vos chefs, n'est-ce pas?

— Je crois que mes droits à leur estime ont plutôt grandi que diminué... — Ces jours derniers, l'occasion de me rendre utile de nouveau m'a été donnée... — Sur la demande du préfet lui-même, on m'a chargé d'une affaire difficile que j'ai eu le bonheur de conduire à bonne fin.

— C'est à merveille, car je compte solliciter un mot de recommandation du préfet... — Ce mot et le secrétaire du ministre enlèveront l'affaire.

— Ah ! madame la comtesse, puissiez-vous réussir ! — s'écria Raymond en joignant les mains. — Ma position, toujours si pénible devient, de plus en plus difficile... — Je suis obligé, maintenant que Paul est auprès de moi, d'entasser mensonge sur mensonge, de m'entourer de mystère, de cacher ma vie comme celle d'un misérable, d'un bandit, d'un infâme ! — La honte qui pèse sur moi m'écrse. — Songez donc, si mon fils pénétrait mon secret, que deviendraient son respect et sa tendresse ? — Il aurait peur de son père !... il rougirait de son père... il le maudirait peut-être ! Comprenez-vous cette chose horrible, madame ? il le maudirait !

— N'exagérez rien, mon ami... — répliqua madame de Chatelux. — Il est certain que si Paul apprenait à l'improviste ce que vous avez pu lui cacher jusqu'à ce jour, cette nouvelle serait écrasante pour lui ; mais en veillant sur vous, en agissant avec votre prudence habituelle, vous éviterez facilement toute fâcheuse découverte... — Attendez donc avec confiance et courage le résultat de ma prochaine démarche... — Vous avez un congé... — Passez-le près de votre fils, cherchez à guérir son pauvre cœur malade, et revenez lundi me voir... — J'espère que j'aurai à vous donner de bonnes nouvelles.

De grosses larmes coulaient sur les joues de Raymond.

La comtesse lui tendit la main.

Il la prit, et sur cette main il appuya respectueusement ses lèvres.

— Mon cher Raymond, — dit madame de Chatelux après quelques secondes de silence, — vous qui connaissez tout Paris, vous allez sans doute pouvoir me donner un renseignement.

— A propos de quoi, madame?

— A propos d'un médecin étranger dont, en ce moment, on fait grand bruit... un certain docteur Thompson... — Le connaissez-vous?

— Oui, madame... — C'est un savant américain très justement renommé, qui est venu s'établir à Paris... C'est chez lui que j'ai conduit mon fils en consultation... — il m'inspire une confiance absolue.

— Alors, selon vous, ce n'est point un charlatan?....

— Certes, non!... — C'est un homme éminent, très sérieux et très simple.

— Alors, je comprends mal le but de la lettre que j'ai reçue..

— Vous avez reçu une lettre du docteur Thompson?... — fit Raymond avec surprise.

— Oui, — une lettre d'invitation à une soirée musicale qu'il va donner dans son hôtel de la rue de Miromesnil. — J'avais cru que c'était une façon détournée de continuer les réclames qui le concernent et dont les journaux sont remplis... — J'avais supposé qu'ayant recueilli les noms de gens du monde très en vue, il leur envoyait des invitations dans le but d'augmenter sa clientèle et de lui donner de l'éclat...

— Le docteur n'a nullement besoin de charlatanisme, je vous assure... — C'était aujourd'hui le jour d'ouverture de ses consultations. — Il y avait dans le salon d'attente une telle affluence que, sans aucun doute, plus de la moitié des personnes venues pour consulter auront dû être remises à demain... — Vous comprenez que sa clientèle est déjà faite...

— Tant mieux pour lui. — Fabien et moi nous n'avons, grâce au ciel, nul besoin de ses conseils, aussi nous garderons-nous bien d'assister à sa soirée... — Son invitation est du plus mauvais goût, elle prouve une ignorance absolue des usages du monde...

— Le docteur est étranger, madame; c'est une circonstance atténuante pour ce solécisme de conduite.

— Et puis, entre nous, — ajouta madame de Chatelux, — je n'aime pas ces renommées trop soudaines et trop tapageuses... — Je ne puis m'empêcher de penser qu'elles sont dues à la réclame beaucoup plus qu'au talent.

— Si vous connaissiez le docteur Thompson, je crois, madame, que vous reviendriez de vos préventions et que vous porteriez sur lui un jugement plus favorable... — Son visage respire la loyauté... son langage est modeste... — Je lui devrai, j'en suis certain, la guérison de mon fils... (je parle de la guérison physique...) — Il me l'a promis, et il entreprend cette tâche avec un dévouement bien désintéressé, car il ne veut pas recevoir de moi d'honoraires...

— Je suis ravie d'apprendre qu'il met sa science au service de l'humanité sans prétendre en tirer trop de profit ; j'espère comme vous qu'il guérira Paul, et surtout je le désire !...

En ce moment les deux jeunes gens rentrèrent dans le salon.

— C'est entendu avec Paul, mère... — dit Fabien, — j'irai coucher vendredi soir à Port-Créteil afin d'avoir samedi ma journée complète pour faire une bonne partie de pêche...

— Bien, cher enfant, agis à ta guise, mais n'oublie pas que samedi ou dimanche au plus tard je t'attendrai...

— Maintenant, nous sommes convenus d'autre chose... — ajouta Fabien.

— De quoi donc ?

— Nous avons décidé que M. Fromental resterait à dîner ce soir avec nous...

— Rien de plus simple et rien qui me soit plus agréable.

— Pardonnez-moi si je n'accepte pas, madame la comtesse... interrompit Raymond.

— Pourquoi donc refuseriez-vous?

— Parce qu'il faut que nous retournions aujourd'hui même à Port-Créteil, et la route est longue...

— Vous coucherez à Paris... — dit Fabien.

— Madeleine serait très inquiète.

— Nous allons lui envoyer une dépêche pour la rassurer... — Allons, mon cher monsieur Fromental, ne vous faites pas prier... — Et toi, Paul, plaide en notre faveur et sois éloquent !

— Père, — dit le jeune homme en souriant, — voudrais-tu donc désobliger mon ami Fabien ?

— Puisqu'il en est ainsi, je cède... — répondit Fromental en s'inclinant.

— Bravo !...

Fabien et Paul envoyèrent aussitôt une dépêche à Madeleine.

A six heures et demie, on se mit à table.

A onze heures, Raymond et son fils rentraient dans la maison de l'île Saint-Louis qu'ils avaient quittée depuis le matin.

La concierge arrêta son locataire et lui remit une lettre arrivée dans l'après-midi.

XXXIV

Raymond regarda l'adresse.

Elle était d'une écriture inconnue de lui.

Toute lettre dont il ignorait l'origine lui causait avant qu'il l'ouvrît une vague appréhension.

Dans la situation où il se trouvait, elle pouvait lui apporter une fâcheuse nouvelle.

Une fois rentré dans sa chambre où Paul l'accompagna, il déchira l'enveloppe, déploya la feuille qu'elle contenait et lut les quelques lignes tracées sur cette feuille.

C'était une invitation ainsi conçue :

Monsieur le docteur Thompson prie Monsieur Fromental et son fils de lui faire l'honneur d'assister à la soirée musicale qu'il donnera, le lundi 16 courant, en son hôtel de la rue de Miromesnil.

Raymond avait lu à haute voix.

— Voilà un procédé tout à fait gracieux, père... — dit le jeune homme, — n'est-ce pas ton avis?

— Sans doute... — Dis-moi, mon cher enfant, éprouves-tu quelque désir d'assister à cette soirée?

— Non, père... — J'aime peu le monde, tu le sais... Je n'en ai point l'habitude, et je me trouverais sans aucun doute très gêné au milieu des personnes invitées par le docteur Thompson...

— Réfléchis bien. — Ce serait une distraction pour toi qui en as si peu...

— Mes réflexions sont faites. — J'aime mieux m'abstenir...

Fromental était devenu tout à coup songeur.

— A quoi penses-tu, père? — lui demanda Paul.

— Je pense à une chose singulière, inexplicable pour moi...

— Laquelle?

— Cette invitation?

— Eh bien?

— Comment se fait-il que nous l'ayons reçue?...

— Mais, — répliqua Paul en souriant, — par la raison bien simple que le docteur te l'a envoyée...

— Voilà justement ce qui m'étonne... — Comment le docteur sait-il notre nom et notre adresse?

— Ne les lui as-tu pas donnés?

— Je ne le crois pas... je suis à peu près sûr du contraire...

— C'est que ta mémoire est en défaut... Sans cela, comme tu le disais tout à l'heure, la chose serait incompréhensible. Nous ne sommes point des gens en vue, connus de tout le monde...

Raymond réfléchissait.

— Peut-être, — murmurait-il à demi-voix — peut-être lui ai-je donné mon adresse et mon nom quand je l'ai rencontré au restaurant de l'île... J'étais si ému que je ne me souviens pas... — Oui, ce doit être là, car tantôt, lorsque nous sommes allés chez lui, il ne me les a point demandés. Donc il les connaissait déjà.

— En tous cas, — dit Paul, — c'est absolument sans importance... Bonsoir, père...

— Bonne nuit, cher enfant... — Demain nous partirons de bonne heure, à moins que tu ne veuilles faire la grasse matinée...

— Ne déjeunerons-nous point à Paris ?

— Ce sera comme tu voudras...

— Eh bien ! nous verrons cela demain... — La nuit porte conseil... — A demain, père...

Et Paul, après avoir embrassé Raymond, se retira dans sa chambre.

A l'heure où le père et le fils se séparaient pour aller prendre un peu de repos, un nouveau crime, un crime effrayant, prévu de nos lecteurs, se commettait au *Petit-Castel*.

Amédée Duvernay et Virginie tombaient frappés d'anesthésie dans la salle à manger de la villa, comme était tombé Antoine Fauvel, le bouquiniste de la rue Guénégaud, et passaient comme lui du sommeil à la mort après avoir perdu tout leur sang par l'incision longitudinale pratiquée à l'artère du cou.

Jacques avait brisé la chaînette, enlevé la médaille que portait Virginie, décousu l'enveloppe en forme de scapulaire, et examiné avec une attention dévorante le disque d'or.

Ce disque offrait sur sa face ces trois mots superposés :

DE

NOIRE

PARTIR

— Et d'UNE !... dit le misérable avec un accent de triomphe en serrant le trophée sanglant dans une case de son portefeuille. — Nous les aurons toutes ainsi !...

Les corps revêtus de leurs vêtements furent remontés dans le jardin, ainsi que l'avait été celui de Fauvel.

Les traces du double meurtre disparurent grâce aux précautions prises et au lavage pratiqué dans l'office du sous-sol, et les portes de la villa furent refermées.

— A cette heure, — demanda Pascal, — que faisons nous des cadavres ?

— Avance le coupé.

Pascal alla sous la remise où la voiture qui les avait amenés attendait, non dételée.

Il prit le cheval par la bride et le conduisit jusqu'à l'endroit où attendait Jacques.

— Ouvre la portière... — dit ce dernier.

Pascal obéit.

— Présentement, — continua le pseudo-Thompson, — il s'agit d'installer ces deux corps dans la guimbarde comme s'ils étaient endormis...

— Facile.

Le cadavre souple et gracieux de Virginie fut placé à droite sur les coussins, les genoux ployés et la tête s'adossant à l'angle capitonné de la voiture.

On en fit autant pour Amédée, de l'autre côté.

Ces deux malheureuses victimes semblaient dormir d'un sommeil profond.

La sinistre besogne achevée, Jacques donna l'ordre à Pascal d'aller chercher dans l'écurie une corde qui fut glissée sous le tapis de la voiture, puis on ouvrit sans bruit la grille, et un instant après le coupé stationnait sur la route.

Lorsque Pascal eut refermé derrière lui, son complice était déjà sur le siège.

Il y monta vivement à son tour.

— Combien faut-il de temps pour aller d'ici au bois de Boulogne sans entrer dans Paris ?... — lui demanda Jacques.

— Deux heures.

— Tu connais la route ?

— Je la suivrais les yeux fermés...

— Alors, tu vas conduire... — A quelle heure pointe le jour ?

— Vers quatre heures du matin.

— Bien... — Il est onze heures et demie... en marchant grand train nous serons au bois de Boulogne avant deux heures...

Pascal avait pris le fouet et les guides.

Il rendit la main à son cheval qui partit au trot le plus rapide, fila sur la route de Gravelle, traversa le bois de Vincennes, passa par Saint-Mandé, gagna Montreuil, Bagnolet, Aubervilliers et la route de la Révolte. — Partout le nocturne équipage, dont les lanternes étaient éteintes, suivait les routes désertes au milieu d'une nuit profonde.

Le cheval était blanc d'écume.

On atteignit l'avenue de Neuilly.

— Ventre à terre ! — dit Jacques quand on se

trouva vis-à-vis l'une des entrées du bois de Boulogne.

Pascal mit le cheval au galop et passa comme la foudre devant les préposés de l'octroi qui, complètement ahuris, ne songèrent même point à poursuivre ce véhicule aux allures fantastiques.

— Maintenant, — reprit Jacques, quand on eut pénétré à une assez grande profondeur dans le bois de Boulogne, — il faut nous arrêter près d'un fourré.

Entendu.

Dix minutes plus tard, le coupé faisait halte dans une allée bordant un massif d'où émergeaient quelques grands arbres.

Les deux hommes descendirent du siège.

Pascal prit la corde, fit un nœud coulant à l'un des bouts, entra sous bois, et choisissant un vieux chêne dont les basses branches formaient des arceaux, il grimpa jusqu'à la première fourche, en s'aidant des anfractuosités du tronc, et il attacha solidement l'autre bout de la corde à l'une de ces branches.

Cette besogne achevée il revint près de Jacques, et les complices, ouvrant la voiture et saisissant le corps d'Amédée, le transportèrent jusqu'au pied du chêne où Pascal avait attaché la corde.

Un instant après ce corps se balançait au-dessus du gazon que Jacques et Pascal eurent grand soin de piétiner.

La voiture repartit.

Cette fois, Pascal la conduisit du côté de la porte de Boulogne.

Quand elle se trouva dans une allée assez étroite, taillée en plein fourré et voisine du vieux cimetière abandonné, Jacques toucha le bras de son fidèle collaborateur.

— Là... — fit-il.

Le cheval fut arrêté de nouveau, les deux hommes mirent pied à terre, et le corps de Virginie fut porté dans une petite clairière au milieu d'un fourré très épais.

— Moralité de la chose ! — dit Pascal avec un rire cynique. — Voilà où le désir immodéré de manger des écrevisses arrosées de vin de champagne peut conduire une jolie fille ! — Au tour de la Fouine, à présent !

Longtemps avant le point du jour le coupé rentrait à l'hôtel de la rue de Miromesnil, sans réveiller l'Alsacien qui servait de concierge, et cela grâce à la clef dont Jacques était muni.

Le pseudo-docteur Thompson serra précieusement la médaille, à côté de celle trouvée dans le coffret du feu comte Philippe de Thonnerieux.

. . . .

La Fouine ne se doutait guère qu'on avait prononcé son nom à cinquante pas de lui, en plein bois de Boulogne où il dormait profondément.

Nous l'avons vu, la veille au matin, donner un coup de main pour lever l'ancre d'un chaland près du quai de l'Entrepôt, aider à retirer de l'eau le corps d'Antoine Fauvel, et nous l'avons quitté au moment où il se disposait à aller *flâner en basse Seine* ; — ce sont ses propres expressions.

La basse Seine pour la Fouine avait une attrait.

Il voulait *taquiner* le goujon entre Saint-Cloud et Suresnes dans des fonds d'eau qu'il savait excellents, et muni de tous ses attirails de pêche il avait pris l'impériale du tramway de la place de l'Étoile à Courbevoie avec la correspondance du Pont de Suresnes, et il s'était trouvé rendu à l'endroit qu'il comptait explorer.

Jusqu'à la nuit la chance devait lui être défavorable.

Il ne prit que deux livres de poisson qu'il vendit tant bien que mal à un marchand de vins-cabaretier.

— Allons, — se dit-il, au moment où les premières étoiles scintillaient dans le firmament d'un bleu sombre, — zut ! pour la Seine ! — j'aime encore mieux ma vieille Marne !... Saint-Maur-les-Fossés, Joinville, Créteil, les *sapines* et le restaurant de l'île !...

— Il faut retourner là-bas... — D'ailleurs ici je ne connais personne... On a l'air de me regarder comme un vagabond, et ça ne me va pas... — En route pour Créteil !

Ses cannes sur le dos, il avait pris le chemin de Paris en traversant naturellement le bois de Boulogne.

La journée avait été chaude. — La nuit était belle.

En devinant sous les grands arbres le gazon aussi épais, aussi moelleux qu'un tapis de haute lice, la Fouine se demanda s'il ne ferait pas bien de s'offrir quelques heures de bon sommeil qui ne lui coûterait rien, et de remettre au lendemain matin son retour aux rives chéries de la rivière qu'il appelait sa *vieille Marne.*

— Ma foi, oui, — se dit-il, — je vais m'étendre là, et pas un agent de change ne sera mieux couché que moi!

Se glissant aussitôt dans le fourré, il choisit un lit de mousse sous un groupe de chênes très touffus, posa ses lignes à côté de lui, et s'endormit d'un sommeil si profond qu'il n'entendit ni le roulement de la voiture qui s'arrêtait à cinquante pas de sa couche improvisée, ni les paroles échangées entre Jacques et Pascal et dont les dernières le visaient directement.

Le jour parut.

A quatre heures du matin un radieux soleil dorait la cime des vieux arbres, — les oiseaux chantaient dans les branches.

La Fouine remua un bras, puis une jambe, et s'éveilla.

7.

— Oh ! oh ! — fit-il en s'asseyant sur son séant et en se frottant les yeux. — V'la l'soleil qui se lève et les pierrots du bois s'égosillent... — C'est du joli d'être paresseux comme ça et de s'oublier dans son dodo ! — Allons, debout, mon vieux, et en route ! — Tu vas aller au Point-du-Jour prendre le train de Ceinture jusqu'à Bercy... à Bercy, la *Mouche* te conduira pour deux sous à Charenton, d'où tu suivras le canal jusqu'à Saint-Maur... — Voilà ton itinéraire tout tracé et pas compliqué !

Le jeune pêcheur ramassa ses cannes et son épuisette, mit le tout sur son épaule et traversa les fourrés pour gagner une allée.

Soudain il poussa un cri de frayeur et s'arrêta court, pâle et tremblant.

Il se trouvait en présence d'un corps étendu, le corps d'une femme, la face tournée contre terre.

— Tonnerre de Bougival, — murmura-t-il, — j'ai eu le trac !... et je vous demande un peu si ça a le sens commun... — Eh bien, quoi, c'est une personne du sexe dont je ne fais point partie... — Il n'y a pas là motif à s'épouvanter... — Elle est venue comme moi faire dodo en plein bois... faute de monnaie peut-être... — Sapristi ! demoiselle ou dame, elle peut se vanter d'avoir le sommeil dur ?...

Et élevant la voix, il ajouta :

— Eh ! la petite mère, éveillez-vous donc !... — Si

vous allez de mon côté nous ferons un bout de route ensemble...

Le corps ne remua point.

— Bien sûr qu'elle a son plumet, la dame... — pensa le jeune homme.

Et, se penchant, il saisit une main qu'il trouva souple, mais glacée.

XXXV

La Fouine se redressa brusquement avec un renouveau d'épouvante.

— Mais elle est morte !... — fit il presqu'à haute voix. — Ah! par exemple, j'ai la guigne noire !... hier, un noyé... ce matin, le cadavre d'une femme... d'une femme assassinée peut-être... Et j'étais couché près de ce cadavre, dans un fourré, comme un rôdeur de barrières, comme un individu sans aveu !... Je pourrais être soupçonné !... Soupçonné, moi, Jules Boulenois !... Qu'est-ce que j'aurais à répondre ?... — Il s'agit de filer bien vite !... l'endroit est dangereux !...

Joignant aussitôt l'action aux paroles, le jeune homme se précipita comme un fou au travers du bois.

La sueur coulait de son front, la rapidité de sa

course faisait haleter sa poitrine et rendait sa respiration sifflante.

Connaissant mal le bois, ne sachant de quel côté se diriger, ayant d'ailleurs complètement perdu la tête, il coupait les sentiers, traversait les fourrés, allant droit devant lui comme s'il eût été poursuivi.

Tout à coup, au bout de quarante minutes, il s'arrêta, les yeux hagards, la gorge serrée, tandis qu'un tremblement convulsif secouait ses membres et faisait claquer ses dents.

En face de lui se balançait le corps d'un homme attaché à une des grosses branches d'un chêne par une corde dont le nœud coulant lui serrait le cou.

— Un pendu ! — bégaya Boulenois d'une voix étranglée. — Un pendu !...

Il se couvrit les yeux de ses deux mains et voulut s'éloigner, mais la terreur, atteignant son paroxysme, le tenait cloué au sol.

Ses jambes défaillantes refusèrent de porter le poids de son corps.

Il tomba sur ses genoux, écarta ses mains et rouvrit les yeux.

La brise du matin venait de s'élever et, passant à travers les feuillages, faisait osciller le cadavre.

— Oh ! c'est horrible !... horrible !... horrible !... — balbutia la Fouine affolé. — Un noyé !... une morte !... un pendu !... — Que j'aille à droite ou que j'aille à gauche, je me heurte à des *maccabées!*...

— C'est ça des pronostics de malheur! — Qu'est-ce qui va m'arriver ?...

Au bout d'un instant, l'état moral du jeune homme se modifia de façon sensible.

Il eut honte de lui-même et de sa couardise.

— Je ne peux pourtant pas rester là, à genoux, avec la peur au ventre ?... — se dit-il. — Ce n'est qu'un mort, après tout, et peut-être même ne l'est-il pas encore tout à fait... — Il s'agit de le décrocher bien vite...

La Fouine, faisant appel à toute son énergie, se dressa et se dirigea vers le cadavre.

Une nouvelle épouvante revint le paralyser.

Les yeux du pendu, fixes, grands ouverts, semblaient le regarder.

— Miséricorde ! — bégaya-t-il en frissonnant, — je connais ce garçon-là !... — C'est Amédée... Amédée Duvernay, le tapissier... le promis de Virginie... un héritier comme moi du comte de Thonnerieux...

— Ah ! mon Dieu, mais j'y pense... cette femme morte là-bas, c'était peut-être...

Il n'eut pas le temps d'achever sa phrase.

On marchait non loin de lui.

Brusquement il se retourna et aperçut un des gardes du bois, faisant sa ronde.

— M'sieu... Eh ! m'sieu... — cria-t-il, — à l'aide !.. au secours !... un pendu ! !

Le garde avait tourné les yeux du côté d'où venait la voix qui l'interpellait ainsi.

En voyant le jeune homme au-dessous du corps que la brise balançait dans le vide, il s'élança vers lui.

— Un pendu... c'est bien un pendu ! — répéta-t-il.

— Oui, m'sieu... — Je passais... je l'ai aperçu... je vous ai entendu et je vous ai appelé...

Sans perdre une minute le garde coupa la corde.

Le corps s'affaissa sur le sol.

— Est-ce qu'il est mort, m'sieu ?... — demanda la Fouine.

— Tout ce qu'il y a de plus mort, — répondit le nouveau venu après avoir touché les mains et le visage d'Amédée et interrogé la poitrine à la place du cœur; — il faut que je fasse avertir le commissaire de police...

En ce moment passaient à une faible distance des ouvriers terrassiers occupés à l'entretien des allées du bois.

Le garde les héla.

— Par ici, vous autres... — leur cria-t-il, — arrivez !

Les ouvriers s'empressèrent de venir former le cercle autour du cadavre.

— Vite ! — reprit le garde, — que l'un de vous prenne ses jambes à son cou et s'en aille à Neuilly, au grand galop, demander le commissaire. — Allons, allons, leste et preste !...

Un des ouvriers se mit à courir dans la direction de Neuilly.

La Fouine réfléchissait.

Devait-il parler du cadavre de femme qu'il avait découvert et dont il s'était éloigné fou de terreur ?

Devait-il dire qu'il connaissait le pendu ?

La réponse aux deux questions qu'il se posait fut négative.

La double déclaration devait fatalement entraîner sa comparution devant la justice, comparution suivie d'une foule de choses qui lui déplaisaient.

Quoique n'ayant rien à se reprocher, il n'aimait pas à se trouver en rapport avec la police, sachant qu'elle ne voit pas toujours très clair, et qu'elle a souvent la main lourde.

En conséquence il se tut, gardant le rôle de simple spectateur de ce qui allait se passer.

On commentait la mort du jeune homme inconnu et, comme cela arrive habituellement en pareil cas, on émettait les opinions les plus contradictoires et les plus saugrenues.

Le commissaire de police arriva, dressa procès-verbal et donna l'ordre de porter le corps à la Morgue.

Il allait se retirer lorsqu'un gardien, arrivant d'une autre partie du bois, vint le requérir pour opérer la levée du corps d'une femme qu'il venait de trouver morte dans un fourré.

Le commissaire de police se rendit en toute hâte à l'endroit indiqué et dressa un nouveau procès-verbal, constatant, comme l'avait déjà constaté le premier, que la femme, pas plus que le pendu, ne portait sur elle un objet quelconque de nature à rendre possible la constatation immédiate de son identité.

Le vol n'avait pas été le mobile du crime, — si toutefois on se trouvait en présence d'un assassinat, — car la morte portait quelques modestes bijoux, et la poche de sa robe renfermait un porte-monnaie assez bien garni.

On envoya chercher des brancards couverts au poste de police de Neuilly, et les deux corps furent expédiés à la Morgue, en même temps qu'un rapport adressé à la préfecture.

La Fouine était resté seul à l'endroit où on venait de trouver Amédée pendu.

Adossé à un arbre et les yeux fixés sur la branche où l'infortuné tapissier se balançait au souffle de la brise matinale quelques instants auparavant, il se demandait tout bas :

— N'aurais-je pas mieux fait d'avouer que je connaissais Amédée ? — On aurait pu, du moins, avertir son père et sa mère... — Oui, je sais bien... — ajoutait-il. — Mais tout ça m'aurait forcé à rester à Paris... On m'aurait demandé un tas de choses... Ça aurait été des questions à n'en plus finir... Comment je m'appelais... où je logeais... Ce que je faisais... des bêtises, quoi ! ! et moi je ne peux pas souffrir qu'on fourre le nez dans mes affaires !... — C'était un bon garçon, Amédée ; c'est malheureux qu'il se soit pendu ; mais, après tout, s'il a fait sa fin à lui-même, c'est que, pour sûr, la vie l'embêtait. — Peut-être bien qu'il aura écrit à ses parents pour les informer de son décès. — Tout ça le regardait et ne me regarde pas. — Il ne faut jamais juger les gens, même quand ils ont *cassé leur pipe*...

La Fouine réfléchit de nouveau, puis reprit, en regardant toujours la branche à laquelle pendait un morceau de corde long d'un demi-mètre :

— C'est égal !... comment diable a-t-il fait pour aller s'accrocher là-haut ?... Fallait qu'il ait bigrement envie de se mettre au cou une cravate de chanvre ! !... — A propos de cravate de chanvre, en voilà un bon bout qui sautille comme une honnête ficelle qui n'aurait rien sur la conscience... — On prétend que la corde de pendu porte bonheur... J'ai même lu ça imprimé dans des bouquins... — Eh bien ! si c'est vrai, feu mon ami Amédée Duvernay pourra se vanter dans l'autre monde de m'avoir donné bien gentiment après sa mort quelque chose de fameux...

Leste comme un écureuil, le jeune homme grimpa jusqu'à la fourche de l'arbre, se mit à plat ventre sur la branche, défit le nœud, fourra la corde dans la poche de sa vareuse, et se laissa retomber sur le gazon.

Au moment de reprendre ses outils de pêche et de s'éloigner, il s'arrêta en se frappant le front.

— Ah! ça, mais! Ah! ça, mais! — fit-il — j'y pense! — le commissaire de police a fouillé les vêtements, a retourné les poches... il a regardé partout, tout inspecté, même les doublures... il n'a rien trouvé! — Où donc était la médaille qu'Amédée devait porter comme moi?

La réponse à cette question ne se fit point attendre.

— Que je suis cruche! — continua la Fouine, — cette médaille, de peur de la perdre dans quelque *batterie*, il l'avait mise au cou de Virginie... — Il m'a raconté ça au restaurant de l'île... Je m'en souviens comme si j'y étais... — Pauvre Virginie, en voilà une qui va se changer en borne-fontaine quand elle apprendra le malheur!!

Tout en monologuant, le jeune homme se dirigeait vers la porte de sortie qui s'ouvre à proximité du jardin d'Acclimatation.

Comme il débouchait d'une allée, il se trouva en face de plusieurs personnes marchant à côté de deux civières portées par des gardes du bois, sous la conduite d'un brigadier et de gardiens de la paix.

Ces deux civières renfermaient, cachés par les tendelets d'étoffe, les corps d'Amédée et de Virginie.

Le cortège funèbre qui se rendait à la Morgue fit halte pour donner aux porteurs le temps de se reposer un peu.

La Fouine s'approcha.

En ce moment un gardien chef se dirigeait vers le groupe.

— Eh bien! quoi donc? — demanda-t-il à un de ses subordonnés quand il l'eut atteint. — On vient de me dire que nous avions eu deux accidents cette nuit dans le bois, mais on ne m'a rien expliqué.

— Oui, brigadier... — Vous voyez les deux civières...

— Deux hommes?

— Non... — Un homme et une femme.

— Assassinés?

— Non. — L'homme pendu... — Quant à la femme, de quoi est-elle morte? Bien malin qui le saurait, car elle ne porte la trace d'aucune blessure...

— Était-elle jeune ?
— Dans les vingt ans...
— Et jolie ?
— Très jolie... — Regardez...

Le garde souleva un coin du tendelet recouvrant la civière sur laquelle Virginie dormait son dernier sommeil.

La Fouine, en ce moment à quelques pas du groupe, trouva moyen de jeter un coup d'œil en même temps que le gardien chef.

Il aperçut pendant le quart d'une seconde le visage de la jeune femme et fut secoué par un frisson nerveux.

— C'est Virginie ! ! — se dit-il. — J'en avais comme un pressentiment ! !

— Ah ! sapristi, oui, elle était jolie, la pauvre petite ! ! — reprit le brigadier des gardes. — L'identité de ces malheureux a-t-elle pu être établie ?...

— Impossible. — Point de papiers. — Dans la poche de l'homme, un porte-monnaie renfermant une dizaine de francs... — Sur la femme, des boucles d'oreilles, un bracelet d'argent doré, deux bagues, et aussi un porte-monnaie contenant trente francs.

— Bref, aucun indice?
— Aucun.

La Fouine écoutait.

— Aucun! — se répétait-il à lui-même. — Comment donc ça se fait-il? — Qu'est devenue la médaille qu'elle portait sans cesse? — On saura ça plus tard... — Enfin, les voilà morts tous les deux dans le bois... — Lui, pendu, quand un jour il devait être riche!... — Pourquoi, pendu? — Et elle, morte sans blessure... — Pourquoi morte? — C'est bigrement singulier, tout ça!

Le cortège avait repris sa marche.

Il disparut bientôt dans le lointain.

Jules Boulenois, très préoccupé, se laissa tomber sur un banc.

Le temps passait et le soleil montait à l'horizon dans un ciel d'une admirable pureté.

Il était plus de sept heures et demie du matin.

Des officiers de cavalerie, des sportmen, des amazones, envahissaient les avenues du bois, venant faire une promenade matinale.

Les dog-cars, les charrettes anglaises, attelés de trotteurs américains ou de cobs vigoureux, se suivaient à la file, se dirigeant vers la plaine de Longchamps.

Le jeune pêcheur, le nez en l'air, réfléchissant toujours à la double mort inexplicable de son ami

Amédée Duvernay et de Virginie, regardait sans en avoir conscience passer les chevaux et les voitures ; mais peu à peu il cessa de s'absorber dans sa rêverie, et accorda son attention aux choses et aux gens qui se succédaient devant lui, comme dans un panorama mouvant.

Sans être connaisseur, il admirait les chevaux et il appréciait la grâce de quelques amazones.

Il examinait les voitures, et surtout les femmes qui s'y trouvaient, jeunes ou vieilles, mais s'arrêtant plutôt aux jeunes.

Après être resté assez longtemps spectateur du va-et-vient brillant qui animait l'endroit où le hasard l'avait conduit, il s'arracha à cette contemplation.

— Tout ça ne me mène à rien — se dit-il. — La corde de pendu ne mettra pas un radis dans ma poche, et je comptais faire aujourd'hui une bonne journée de pêche... — Va te faire lanlaire !... — Si elle finit comme elle a commencé, ma journée, j'aurai vu ce soir la moitié de Paris pendu, noyé, ou mort sans raison, mais je n'aurai pas vu les nageoires d'une carpe ou la queue d'une tanche !... — C'est assez flâner, mon vieux ! — S'agit d'aller prendre le train !...

XXXVI

La Fouine quitta le banc sur lequel il était assis ; mais au moment où il allait se diriger vers la gare de la Porte-Maillot, il s'arrêta net en voyant passer un grand landau de remise dans lequel se trouvaient deux femmes.

Le landau allait au pas.

Les deux femmes, dont l'une avait vingt ans au moins de plus que l'autre, causaient, sans même jeter un coup d'œil aux cavaliers qui les dépassaient ou qui les croisaient.

— Ah ça, mais, — se dit la Fouine en arrondissant ses yeux pour mieux regarder les promeneuses du landau, — je connais ces binettes-là ! La plus mûre, c'est la forte dame qui m'a acheté dernièrement une matelote au *Petit-Castel*, — l'autre, c'est la jolie demoiselle que la grosse prétendait partie

pour l'Amérique, et dont m'sieu Paul s'est toqué!...
— M'en avait-elle poussé une blague! oh! la! la!...
— Et m'sieu Paul qui se désole en croyant son objet perdu! — Si je lui disais aujourd'hui où il pourra retrouver la particulière?... — Pas mauvaise, l'idée!
— Serait-il content!... — Ça me faisait de la peine de le voir chagrin comme ça, ce garçon!... — C'est bête de se mettre un hanneton dans la guitare pour une femme au point d'en dépérir!... Mais chacun son idée... — Ça ne serait pas la mienne... — Enfin, je vais toujours savoir où elle demeure...

Tout en monologuant, le jeune pêcheur marchait en suivant la voiture dont une distance d'une vingtaine de pas le séparait, et qui, venant de l'intérieur du bois, se dirigeait vers la porte de sortie.

— Il est clair comme le jour, — continua La Fouine, — que les poulets d'Inde vont prendre le trot une fois dans l'avenue de la Grande-Armée, et que je ne pourrai pas les suivre à pattes... Il faut donc que je m'offre un sapin... M'sieu Paul me remboursera la dépense... Allons-y gaiement... J'ai dans ma poche de quoi me payer pas mal d'heures de voiture... je ne risque donc point de me trouver en plan.

Le landau venait de franchir la grille, et les chevaux, habitués à cette promenade, se mirent au trot pour monter l'avenue de la Grande-Armée.

La Fouine courut à la station.

Il sauta dans une voiture découverte, et cria au cocher qui se trouvait sur son siège :

— Dites-donc, mon vieux, vous voyez bien cette guimbarde attelée de deux canassons qui se balade devant nous... — Suivez-la et ne la perdez pas de vue... Vous aurez un chic pourboire et je payerai une bouteille...

— Entendu ! — répondit le cocher en fouettant sa bête.

Et il prit chasse derrière le landau où se trouvaient Angèle et Marthe qui, obéissant aux prescriptions du docteur, venaient de faire leur promenade hygiénique du matin.

L'attelage de la voiture de remise trottinait.

Le cheval du fiacre n'avait aucune peine à le suivre et La Fouine se prélassait avec une satisfaction vaniteuse sur *les coussins poudreux du char numéroté*, comme l'écrivait jadis ce bon M. Boileau-Despréaux.

Au moment où le landau arrivait au rond-point de l'Arc-de-Triomphe, un régiment débouchait musique en tête de l'avenue des Champs-Élysées.

Cette musique jouait une marche tapageuse. — Les cuivres remplissaient l'air de leur bruit strident.

Toutes les voitures furent obligées de faire halte

près de la station des tramways de Courbevoie pour laisser passer le régiment.

Le tramway placé en tête de la ligne allait partir.

Effrayés par le tapage, les chevaux se cabrèrent, gagnèrent la main du cocher qui n'était point sur ses gardes, et s'élancèrent en avant, en faisant dérailler la lourde voiture.

Deux gardiens de la paix voulurent se jeter à la tête de l'attelage ; ils furent renversés et blessés.

Les chevaux, dont l'affolement grandissait, ruaient en galopant toujours.

Une foule compacte encombrant la chaussée immobilisait le landau.

Le timon du tramway venant droit sur lui menaçait d'éventrer la caisse et de broyer les deux femmes.

Marthe et Angèle avaient vu le danger.

— Avancez ! Avancez donc ! — criaient-elles au cocher.

Mais le cocher ne pouvait rien. — Une muraille vivante s'étendait devant lui.

Un craquement formidable retentit, suivi de deux cris d'épouvante.

Le choc avait lieu. — La flèche du tramway brisait le panneau de la voiture de grande remise.

La musique militaire venait de cesser.

Les chevaux affarés s'arrêtèrent devant l'obstacle

impossible à franchir, et facilement on put s'en rendre maître.

Angèle était pâle comme une morte.

Marthe avait perdu connaissance.

Au moment où le tamponnement se produisait, un jeune homme sortant de la foule s'était approché vivement de la voiture pour secourir les deux femmes dont il avait entendu les cris.

Déjà les badauds curieux, cette race odieuse et pullulante, faisaient cercle autour du landau.

Le nouveau venu s'élança sur le marchepied.

— Votre jeune compagne est évanouie, madame, — dit-il à Angèle. — N'avez-vous pas sur vous un flacon de sels?

— Hélas! non, monsieur...

— Heureusement j'en ai un... — reprit l'inconnu.

Et, tirant de sa poche un petit flacon habillé de cuir de Russie, il le déboucha et il le fit respirer à Marthe.

Tandis que ceci se passait, le cocher du landau faisait dresser par un brigadier de gardiens de la paix procès-verbal des dégâts très graves causés à sa voiture par le tramway.

Le fiacre dans lequel se trouvait la Fouine n'avait eu à courir aucun risque.

Au moment où la caisse du landau s'effondrait, le pêcheur à la ligne s'était pris à trembler pour les deux femmes ; mais, par un hasard providentiel, ni l'une ni l'autre n'avaient été atteintes et elles s'en trouvaient quittes, l'une pour la peur, l'autre pour un évanouissement, sans doute de courte durée.

La chose qui frappait le plus la Fouine, c'était l'intervention du jeune homme s'élançant pour faire respirer à Marthe un flacon de sel.

— Décidément, — murmura-t-il, — c'est aujourd'hui le jour des rencontres ! — Je n'ai pas plus la berlue maintenant que tout à l'heure. — Ce jeune particulier qui fait le joli cœur sur le marchepied du carabas, c'est m'sieu Fabien de Chatelux ! — Est-ce qu'il connaîtrait la demoiselle ?... Est-ce qu'il aurait dans sa folle idée de couper l'herbe sous le pied de m'sieu Paul ?

En croyant reconnaître le fils de la comtesse de Chatelux, Jules Boulenois ne se trompait pas.

Fabien, allant faire au bois, pédestrement, une promenade matinale, s'était arrêté un instant pour écouter la musique militaire.

— Mais non... mais non... — continua la Fouine, — tout bien réfléchi il ne la connaît pas, sans cela son ami intime, m'sieu Paul, la connaîtrait aussi... — S'il est venu de ce côté-ci, ce matin, c'est l'hasard... — n'empêche qu'il paraît trouver bigrement de plaisir à lui mettre sous les narines son vinaigre des quatre voleurs... — Il s'occupe plus de sa fri-

8.

mousse que de son *évanouillement...* — Pour sûr qu'elle est bigrement jolie, et qu'elle vaut la peine qu'on la regarde ! — Ah ! je comprends bien que m'sieu Paul ait reçu un coup de marteau sur sa cloche d'amour pour une frimousse pareille !

La Fouine était observateur, et de plus il avait de bons yeux.

Fabien, en effet, tout en faisant respirer à Marthe son flacon de sels, avait les yeux fixés sur le divin visage auquel la pâleur mate, résultant de l'évanouissement, donnait encore plus de poésie.

Marthe respirait péniblement.

Le jeune homme suivait d'un regard avide les mouvements irréguliers de sa poitrine.

Il prit la main de l'orpheline et la trouva froide. — Les battements du pouls étaient intermittents.

— J'ai peur, madame, — dit-il à Angèle, — que la syncope ne se prolonge. — Ne pensez-vous pas qu'il serait utile de faire conduire mademoiselle à la pharmacie la plus proche ?

Angèle, revenue de son épouvante, avait repris tout son sang-froid.

— S'il le faut absolument, monsieur, — répondit-elle, — je le ferai, mais j'aurais préféré mille fois pouvoir rentrer sans retard à l'hôtel... — Le docteur Thompson aurait su mieux que personne ce qu'il y avait à faire...

En entendant le nom du docteur Thompson, Fabien dressa l'oreille.

— Mademoiselle serait-elle une parente du médecin que vous venez de nommer, madame ? — demanda-t-il à Angèle.

— Oui, monsieur...

— Et c'est bien du docteur Thompson, le célèbre spécialiste américain demeurant rue de Miromesnil, qu'il s'agit.

— Oui, monsieur... — Pourquoi ces questions ?... — Connaissez-vous le docteur ?

— De réputation seulement, madame... — Mais ma mère et moi nous avons reçu une invitation pour la soirée musicale que le docteur doit donner lundi prochain...

— Permettez-moi de vous demander votre nom, monsieur...

— Le comte Fabien de Chatelux...

Angèle s'inclina.

Fabien, tout occupé de Marthe dont en ce moment les paupières frémissaient, prêtes à s'ouvrir, ne vit pas la forte femme tressaillir au moment où il se nommait.

— Elle revient à elle ! — s'écria-t-il.

En effet, la jeune fille venait de faire un mouvement léger.

Un gardien de la paix tendait à Fabien un verre plein d'eau.

— Veuillez me donner votre mouchoir, madame... — reprit-il en s'adressant à Angèle, et avec ce mouchoir imbibé d'eau il mouilla légèrement les tempes de Marthe.

A ce contact rafraîchissant celle-ci ouvrit aussitôt les yeux, et laissa errer autour d'elle un regard vague, indécis, étonné.

— Vous n'êtes pas blessée, chère mignonne?... — demanda vivement Angèle.

Marthe la regarda sans répondre.

Elle semblait sortir d'un rêve.

— Vous avez eu grand'peur, mademoiselle?... — dit Fabien à son tour.

La jeune fille tourna ses grands yeux vers M. de Chatelux et parut tout à coup se souvenir.

— Grand'peur, oui, monsieur... — balbutia-t-elle.

— En entendant le panneau de la voiture se briser, j'ai cru que ma dernière heure était venue... que j'allais mourir...

— Heureusement, vous avez échappé d'une façon presque miraculeuse au danger!... — Vous n'avez point été atteinte?

— Non, monsieur... — l'émotion a été terrible, mais voilà tout...

L'orpheline était revenue complètement à elle-même. — Elle avait repris pleine possession de sa pensée. — Une légère teinte rose recommençait à colorer ses joues, et ses yeux retrouvaient leur éclat.

Fabien la contemplait avec autant de surprise que d'admiration.

Il n'avait pas cru, jusqu'à ce jour, qu'une beauté si parfaite pût exister.

Le cocher, après avoir entendu lecture du procès-verbal rédigé par le brigadier des gardiens de la paix, était revenu prendre possession de son siège.

— La voiture, est-elle en état de nous ramener à la maison ? — lui demanda Angèle.

— Parfaitement, madame, — il n'y a que les panneaux d'endommagés... Ni le train, ni les roues n'ont souffert... — Nous pouvons marcher sans crainte...

— Rentrons, alors...

Angèle ajouta en s'adressant à Fabien :

— Le docteur Thompson sera profondément reconnaissant, monsieur, de l'assistance que vous avez bien voulu nous prêter... — J'espère que nous aurons le plaisir de vous revoir bientôt...

— J'espère avoir cet honneur, madame... — répondit le jeune homme en enveloppant Marthe d'un regard chargé de flamme. — Je me permettrai d'aller prendre des nouvelles de mademoiselle, à qui je vous prie de me présenter...

— Monsieur le comte de Chatelux, — dit Angèle à l'orpheline en lui désignant Fabien. — C'est à lui que nous devons d'avoir vu cesser votre évanouissement.

— Je vous remercie, monsieur... — fit Marthe en accompagnant ses paroles d'un gracieux sourire. — J'espère aussi vous revoir, puisque vous êtes connu du docteur Thompson...

— Je n'aurai garde de décliner l'invitation qu'il a bien voulu m'adresser... — J'assisterai à la soirée de lundi, et je pense qu'il vous restera tout au plus le souvenir de l'accident auquel je dois le bonheur de vous connaître.

Marthe rougit légèrement, et ses prunelles bleues se voilèrent sous ses longs cils.

Fabien salua les deux femmes, et sur un ordre d'Angèle le cocher mit ses chevaux au trot.

Fabien rêveur regarda le landau s'éloigner.

— Quel admirable visage! — murmurait-il sans presque en avoir conscience. — Une vierge de Raphaël descendue de son cadre! — Quelle voix de cristal! Quelle créature exquise!

La voiture avait disparu qu'il restait encore immobile à la même place.

La Fouine se trouvait trop loin pour entendre un seul mot de ce qui venait d'être dit entre Angèle et Fabien; mais en voyant filer le landau il s'était empressé de crier à son cocher:

— Haut la patte, mon vieux ! — En voilà du temps perdu ! — Emboîtons la guimbarde !...

Le fiacre reprit chasse en conservant religieusement sa distance.

Rue de Miromesnil, le cocher de grande remise arrêta son attelage devant l'hôtel, demanda : La porte. et fit entrer le landau dans la cour.

Aussitôt la Fouine paya son cocher et, ses outils de pêche sur l'épaule, s'installa sur le trottoir, juste en face de la maison du docteur.

Trois minutes après le landau sortit à vide et alla faire halte cinquante pas plus loin, à la porte de la boutique d'un marchand de vins.

Le cocher mit pied à terre et franchit le souil de cette boutique.

La Fouine en fit autant derrière lui.

XXXVII

— Je veux absolument savoir ce qu'est la jolie demoiselle... — pensait le jeune pêcheur. — Les cochers, c'est bavard... — Je vais faire bavarder un peu celui-là..

Le cocher de grande remise s'était fait servir une demi-bouteille de vin blanc.

La Fouine en demanda autant, alla s'asseoir tout près de lui, et dit, en désignant de la main le landau stationnant près du trottoir et dont on voyait le panneau crevé :

— Ah! ça, mon brave, on est sûr et certain de ne pas manquer de courants d'air dans votre guimbarde... Sapristi ! quelle ouverture !... — Est-ce que c'est une invention nouvelle?

Tout en bourrant sa pipe, le cocher répliqua :

— Une ouverture qui coûtera bon à la Compagnie des tramways...

— Ah ! C'est un tramway qui vous a tamponné comme ça... — Mazette, il a cogné ferme !... — Vous vous étiez donc mis sur sa route ?...

— Pas du tout ! — Je revenais du bois de Boulogne où je conduis tous les matins la parente et la pupille du fameux docteur Thompson...

— Ces deux *madames* que vous rameniez ?... — interrompit la Fouine. — C'est la parente, la grosse qui est un peu mûre, et c'est la pupille, la jeune ?...

— Oui... — A ce qu'il paraît du moins... — Pour lors, j'arrivais à la place de l'Etoile, près de la station des tramways de Courbevoie...

Et le cocher raconta minutieusement ce que son interlocuteur savait aussi bien que lui.

— Oui... oui... l'indemnité sera conséquente... — dit le jeune homme quand ce récit fut achevé ; — il n'y a point de votre faute... — A votre santé, mon brave...

Et, après avoir trinqué avec le cocher, la Fouine paya sa demi-bouteille, reprit ses ustensiles, et quitta l'établissement du marchand de vins.

— C'est la pupille du docteur Thompson, qui est célèbre, à ce qui paraît, et qui demeure rue de Miromésnil, n°***. — Voilà un renseignement qui va faire bigrement plaisir à m'sieu Paul, qui est si toqué de la demoiselle... — En route pour Créteil !...

Puis le jeune homme se dirigea vers la gare Saint-Lazare pour y prendre le chemin de fer de ceinture, en réfléchissant à tout ce qui lui était arrivé depuis la veille.

* *

Nous savons déjà que les deux cadavres trouvés dans le bois de Boulogne avaient été portés à la Morgue, et les procès-verbaux envoyés à la préfecture de police.

Après avoir donné reçu des deux corps, le greffier de la Morgue s'était empressé de les faire placer dans l'amphitéâtre où la dépouille mortelle d'Antoine Fauvel se trouvait encore ; — il s'étonnait de la pâleur étrange, du ton d'ivoire ou de cire vierge des visages ; il remarquait que cette pâleur était identique à celle du corps de Fauvel, de même que les membres restaient souples, exempts de toute rigidité cadavérique, comme ceux du bouquiniste de la rue Guénégaud.

— Voilà qui est absolument stupéfiant ! — se dit-il après un minutieux examen. — On jurerait que ces deux-là sont morts de la même façon que celui-ci !...

Il assujettit son pince-nez et, s'approchant d'Amédée Duvernay, regarda l'endroit du cou où le médecin légiste avait trouvé l'avant-veille, sur Fauvel, l'incision longitudinale ayant déterminé la mort et prouvant le crime.

Terrifié, il recula.

L'incision, très visible, ouvrait ses lèvres pâles dans le chair froissée par le nœud coulant de la pendaison.

Tout tremblant, le greffier se pencha vers le cadavre de Virginie.

La trace faiblement rosée d'une incision semblable frappa son regard.

— Un crime, encore !... — Un double crime ! ! ! — s'écria-t-il secoué par un frisson. — Il faut aviser qui de droit sans perdre une minute !...

Et il courut à la préfecture où le chef de la Sûreté prenait en ce moment connaissance des rapports envoyés par le commissaire de police de Neuilly.

— Ah ! c'est vous, mon cher greffier, — lui dit le chef. — Venez-vous chercher des ordres pour l'enterrement d'Antoine Fauvel ?...

— Non, monsieur... — ce qui m'amène est bien autrement grave...

— Ah ! ah ! qu'y a-t-il donc ?

— Une chose absolument effrayante...

— Quelle est cette chose ?...

— On vient d'apporter à la Morgue deux corps...

— Deux corps trouvés au bois de Boulogne ?

— C'est cela.

— Je le savais... Au moment où vous êtes entré je lisais les rapports qui les concernent. — Il y a un pendu, et une jeune femme dont la mort doit être attribuée, selon toute apparence, soit à la rupture d'un anévrisme, soit à une congestion cérébrale...

— Quand l'homme a été accroché à une branche il ne vivait déjà plus, monsieur, — s'écria le greffier de la Morgue. — On l'avait assassiné ! et la jeune femme est morte frappée par le même assassin !...

— Que me dites-vous là ?

— L'exacte vérité... — Vous pourrez le constater tout à l'heure par vos propres yeux !...

— Un crime a été commis ?...

— Un double crime... un triple crime plutôt, car la main qui a frappé cette nuit avait déjà frappé Fauvel...

Le chef de la Sûreté fit un geste de stupeur et se leva très pâle.

— Fauvel, — dit-il, — portait au cou une incision longitudinale par laquelle s'était échappé tout son sang, jusqu'à la dernière goutte...

— Les deux cadavres portent au cou la même incision... — C'est pour vous l'apprendre que je suis venu...

— Mais alors nous avons affaire à une bande d'assassins !

— Je ne sais à qui nous avons affaire. — Je dis ce que j'ai vu... — Le reste ne me regarde pas...

Rapidement le chef de la Sûreté écrivit quelques lignes sur une feuille de papier qu'il mit sous enveloppe.

Il traça la suscription et frappa sur un timbre.

Un employé parut aussitôt et reçut l'ordre de porter au plus vite cette lettre à son adresse.

L'employé sortit.

Le destinataire était un des médecins de la préfecture.

Le chef endossa son pardessus, prit son portefeuille et son chapeau et dit au greffier :

— Je vous accompagne... — Nous entrerons au Palais en allant à la Morgue.

Un substitut de service venait d'arriver.

Quelques mots le mirent au courant de ce qui se passait.

La chose lui parut à ce point extraordinaire, invraisemblable, qu'il n'y pouvait croire.

— Venez avec nous, monsieur le substitut, — fit le greffier, — il faudra bien vous rendre à l'évidence.

— Soit ! — J'y vais...

Tous trois partirent ensemble.

Le médecin légiste, prévenu en toute hâte, arrivait à la Morgue en même temps qu'eux.

— Que se passe-t-il donc de grave, messieurs? — demanda-t-il.

— Vous allez voir, docteur... — Entrons à l'amphithéâtre.

Le greffier les introduisit.

— Voilà les deux cadavres, messieurs... — dit-il en désignant les corps d'Amédée Duvernay et de Virginie. — Veuillez les examiner...

Le docteur était le même qui avait procédé aux constatations légales sur la dépouille mortelle du bouquiniste de la rue Guénégaud.

Il s'approcha, vivement impressionné avant tout examen par la pâleur exsangue, par le ton de cire vierge des visages.

Le chef de la Sûreté regardait le cou d'Amédée.

Il vit la blessure béante.

— Le doute est impossible! — fit-il à haute voix. — Cet homme a été tué de la même manière que Fauvel. — Voyez docteur. — Qu'en pensez-vous?

Et du doigt il montrait la plaie.

Le médecin regarda à son tour et répondit:

— Vous avez raison, le doute est impossible. — Voilà bien l'incision longitudinale! — La main qui a frappé Fauvel a frappé cet homme!... — La jeune femme porte-t-elle la même blessure?

— Oui, docteur.

On s'approcha de la pauvre Virginie, et sur son

cou d'une forme charmante on constata la présence de l'incision meurtrière.

— Veuillez faire déshabiller les cadavres... — commanda le médecin.

Les aides de l'amphithéâtre exécutèrent aussitôt cet ordre.

Aucune contusion, aucune trace de lutte ou de violence n'apparurent sur les deux corps.

— Oh! oh! messieurs! — s'écria le médecin légiste, — il me semble que si j'avais l'honneur de remplir les hautes fonctions de préfet de police, j'éprouverais une émotion sérieuse!... — Il existe en ce moment à Paris des assassins qui tuent avec une précision scientifique et une habileté de main dénotant de longues études chirurgicales!... — En trois jours trois personnes assassinées de la même façon, c'est terrible, c'est effrayant! Il y a de quoi répandre la terreur dans la grande ville!!

Le chef de la Sûreté et le substitut hochèrent la tête affirmativement.

Le médecin reprit :

— L'identité de ce jeune homme et de cette jeune femme a-t-elle été constatée ?

— Non, docteur. — On n'a découvert sur eux aucun papier... aucun indice, de quelque nature qu'il soit...

— Y a-t-il lieu de supposer que le vol a été le mobile du double crime ?

— Assurément non, — on n'a touché ni aux petits bijoux de la femme, ni à l'argent que renfermaient les porte-monnaie.

— L'homme a été trouvé pendu, disait-on ?

— Oui... — répondit le greffier, — et voici la corde à laquelle il était attaché...

— Pourquoi pendre ce cadavre ? — fit le médecin.
— Il y a là quelque chose d'absolument incompréhensible pour moi... — L'homme qui a pratiqué de semblables incisions est trop bien instruit pour supposer qu'on puisse se laisser prendre à une si grossière comédie !

Le chef de la Sûreté avait reçu la corde des mains du greffier et l'examinait.

— Ceci doit provenir d'une écurie, — dit-il — voilà des traces de crottin de cheval...

— Messieurs, — reprit le docteur, — ma mission est de constater que ce jeune homme et cette jeune femme sont morts frappés comme Antoine Fauvel, et vraisemblablement par la même main... — Le reste vous regarde. C'est à vous de trouver les meurtriers... — Je dis : LES, car à coup sûr ils sont plusieurs. — Un homme agissant seul ne pourrait parvenir à tuer ainsi et, même étant donnés des complices agissant ensemble, une chose reste inexplicable pour moi.

— Laquelle ? — demanda le substitut.

— Les poignets et les chevilles sont nets... — Ni ecchymoses, ni meurtrissures... Il a cependant fallu attacher les pieds et les mains des victimes pour les contraindre à l'immobilité tandis qu'on les saignait à blanc !!

Le substitut hasarda cette question :

— Est-il certain que le massage du corps, opéré pour en faire sortir le sang, n'effacerait point toute trace ?

— Oh ! certain !... — La moindre talure, la moindre éraflure de l'épiderme, apparaîtraient malgré le massage...

— Je cherche, moi, quel peut être le mobile des crimes, puisqu'on ne dépouille pas les victimes, — dit le chef de la Sûreté, — et rien jusqu'à présent ne me semble pouvoir être un point de départ pour arriver à la découverte de la vérité. — Nous ne sommes plus aux temps de honteuse ignorance où les illuminés, à la recherche d'un *grand œuvre* chimérique, voulaient avoir du sang humain à jeter dans les creusets pour y faire de l'or ; au temps où des médecins sinistres ordonnaient des bains de sang... — Toute supposition se rattachant à ces monstruosités, que Peuchet raconte tout au long

9.

dans les *Annales de la police*, serait absurde. — On tue aujourd'hui dans un intérêt... — On tue pour atteindre un but... — Cet intérêt, quel est-il? quel peut être ce but? — A ces questions il m'est impossible de répondre... — En face de moi, je vois un mur! — Le mystère semble impénétrable!

— Il faudra le pénétrer, cependant, — dit le substitut.

— Certes, et le plus vite possible, en ayant grand soin de laisser Paris ignorer ce qui se passe, sous peine de voir s'y propager une épouvantable panique! — Laissons les journaux annoncer qu'un pendu et une femme morte de la rupture d'un anévrisme ont été trouvés au bois de Boulogne. — Cela n'étonnera, cela n'alarmera personne. — Nous agirons, nous, en secret.

— Avant tout, — fit le substitut, — il importe de constater l'identité des deux victimes...

— Ce sera probablement facile... — les familles signaleront sans doute à la préfecture la disparition de ces deux malheureux. — Peut-être seront-ils reconnus à la salle d'exposition de la Morgue... — L'identité constatée, nous chercherons qui pouvait avoir intérêt à commettre ces deux, ou plutôt ces trois crimes, car la connexion me paraît évidente, et nous arriverons aux criminels...

L'ordre fut donné de porter les corps d'Amédée

et de Virginie dans la salle d'exposition, et de les étendre sur les dalles funèbres, derrière le vitrage égendaire.

Le chef de la Sûreté se fit remettre la corde à laquelle Amédée Duvernay avait été trouvé suspendu, les humbles bijoux de Virginie et les deux portemonnaie, après avoir fouillé lui-même de nouveau les vêtements pour s'assurer qu'ils ne renfermaient rien autre chose.

Le médecin dressa son procès-verbal et le chef de la Sûreté pria le substitut de l'accompagner chez le préfet de police.

Celui-ci reçut aussitôt les deux magistrats, quoique un peu surpris de leur visite à cette heure matinale.

— De quoi s'agit-il, messieurs? — leur demanda-t-il en souriant. — J'espère que vous ne venez pas m'annoncer un complot contre la sûreté de la République...

— Non, monsieur le préfet, — répondit le chef, — mais contre la sûreté publique...

— Un complot contre la sûreté publique! — répéta le haut fonctionnaire. — C'est grave!

— Plus grave que vous ne pourriez le croire...

— Expliquez-vous.

— Je vais le faire à l'instant.

XXXVIII

— Deux crimes viennent d'être commis, — reprit le chef de la Sûreté, — deux crimes liés étroitement à celui qui s'est accompli il y a quelques jours sur la personne d'un nommé Fauvel, instigateur des vols de livres commis dans les bibliothèques de l'Etat, et receleur des livres volés...

— Ce Fauvel n'aurait-il donc pas été frappé par un complice désireux d'éviter une dénonciation ? — demanda le préfet.

— Cela paraissait vraisemblable, mais n'est plus admissible aujourd'hui que deux personnes viennent d'être assassinées d'une façon identique.

Et le chef de la Sûreté raconta par le menu ce que nos lecteurs savent déjà.

— Vous aviez raison, — dit le préfet après avoir écouté ce récit terrible, — la sécurité publique est en péril... Tout le monde est en droit de se croire menacé par ces attentats mystérieux dont les motifs sont inexplicables puisqu'ils n'ont point le vol pour objet... — Que veulent les assassins ? Que cherchent-ils ? Pourquoi agissent-ils ? — Si le public savait ce qui se passe, la terreur régnerait à Paris, et l'administration à la tête de laquelle je me trouve serait attaquée comme ne sachant ni prévenir les crimes, ni mettre la main sur les criminels...

— C'est pour cela, monsieur le préfet, que les faits accomplis doivent momentanément rester secrets...

— Rester secrets ! — répéta le haut fonctionnaire, — est-ce possible ?...

— Possible et facile si vous voulez vous entendre avec le parquet et obtenir du procureur de la République qu'aucune communication ne soit faite aux journaux... — On évitera par ce silence d'alarmer les Parisiens et d'éloigner les étrangers... — Pendant ce temps, nous chercherons, avec d'autant plus de chance de trouver que les malfaiteurs, croyant l'impunité certaine, ne se tiendront point sur leurs gardes... — Bref, Paris apprendra tout à la fois les crimes commis et l'arrestation des criminels... — Donc, plus de motifs d'épouvante, et l'honneur de l'administration sera sauf !...

— Soit... — Je m'entendrai avec le parquet pour empêcher toute communication à la presse ; mais agissez vite, car les secrets de cette nature ne sauraient être gardés longtemps... — Comme certains composés chimiques, un peu plus tôt ou un peu plus tard, ils font éclater le vase qui les renferme !

— Nous agirons vite... — Je vais mettre l'affaire aux mains d'un de mes auxiliaires qui a toute ma confiance et qui la mérite... Raymond Fromental, dont je vous ai parlé dernièrement.

— Raymond Fromental n'est-il pas cet homme qui a subi une condamnation et à qui remise d'une partie de sa peine a été faite à la condition qu'il nous servirait ?

— C'est lui-même... son fils ignore le passé et ne soupçonne point la situation actuelle de son père... — Raymond, qui donnerait sa vie pour lui cacher tout, sollicite le retrait de son emploi et sa radiation des cadres. — Je suis disposé à vous prier d'appuyer sa demande, car je le considère, malgré sa faute, comme une créature absolument honnête... — Il nous a d'ailleurs rendu de grands services... Mais, avant de redevenir maître de lui-même, il faut qu'il nous en rende encore un...

— Employez-le donc, et quand il vous aura rendu ce dernier service, parlez-moi de lui...

Le préfet renouvela à son subordonné la recommandation d'agir vite, et les deux magistrats se retirèrent.

*
* *

L'émoi avait été grand à l'hôtel de la rue de Miromesnil lorsque Angèle, descendant de voiture avec Marthe, raconta au docteur Thompson le danger très réel qu'elles venaient de courir.

Jacques fit prendre à la jeune fille une potion calmante, car une agitation fort grande succédait à l'évanouissement, et une crise nerveuse semblait imminente.

En outre, il enjoignit à l'orpheline d'aller goûter un peu de repos. — Elle obéit d'autant plus volontiers qu'elle se sentait brisée et, regagnant sa chambre, elle s'étendit sur son lit.

Pascal, Angèle et Jacques se réunirent.

— Vous n'avez rien appris de particulier pendant votre promenade au Bois? — demanda le docteur à l'amie de Pascal.

— Au Bois, non... — répondit-elle. — Ce qui ne m'empêche pas d'avoir une nouvelle très intéressante à vous donner... — Ne cherchez point... vous ne devineriez jamais.

— Parle donc! — dit Pascal.

— Le comte Fabien de Chatelux a vu Marthe...

— Eh bien?

— Eh bien, ce que vous aviez prévu s'est réalisé...

— La beauté de Marthe a produit sur lui son petit

offet... — A l'heure qu'il est ce naïf jeune homme est fou d'amour...

— Que s'est-il donc passé?

— Rien que de très simple et que vous ne sachiez déjà. — Pour que vous compreniez, il suffira de mettre un nom sur un visage. — Le jouvenceau galant qui, grâce à son flacon de sels, a tiré Marthe de son évanouissement, n'est autre que le fils de la comtesse... — Vous comptiez le présenter à votre pupille lundi prochain, pendant la soirée... — La présentation est faite...

— Ce qui démontre une fois de plus qu'à quelque chose malheur est bon! — dit Pascal en riant.

— Et vous croyez que le jeune comte a été sérieusement atteint? — demanda Jacques Lagarde.

— Je fais plus que le croire, j'en suis sûre, et vous pouvez vous en rapporter à moi, je m'y connais!... — J'étudiais sa physionomie tandis qu'il s'empressait auprès de nous! — L'admiration s'y peignait d'abord et, bientôt après, la passion. — Pas de danger qu'il manque à la soirée de lundi.

— L'a-t-il affirmé?

— Oui, en se nommant.

— Très bien... Je crois qu'il serait convenable de me présenter à son hôtel, pour le remercier de vous être venu en aide avec une si grande courtoisie.

— Une carte me semble suffisante... — fit Pascal...

— Peut-être... mais j'ai besoin de voir le jeune homme chez lui et d'être connu de la comtesse... — Les gens qui marchent en pleine lumière ne sont jamais suspects, et puisque le hasard me permet d'entrer dans la maison, j'en profiterai. — Qui sait d'ailleurs si cette visite ne me fournira pas le moyen que nous cherchons d'attirer le jeune homme où vous savez...

— Crains-tu donc que Marthe ne soit point un appât suffisant ? — demanda Pascal.

— Marthe est un appât irrésistible, j'en suis convaincu, mais pour assurer la réussite il ne faut négliger aucune précaution... — Le hasard nous sert encore plus que tu ne le crois...

— Comment?

— La comtesse de Chatelux a reçu mon invitation, mais elle ne me connaît pas. — Rien ne prouve qu'elle répondra à cette invitation que rendent seules excusable nos habitudes américaines et mon ignorance des usages parisiens... Le contraire même est probable... — Madame de Chatelux est une grande dame, et comme telle elle doit tenir à la stricte observation des convenances, que mon procédé viole outrageusement, je ne me fais à cet égard aucune illusion...

— Le fils a dit qu'il viendrait...

— Le fils est un jeune homme, pas même majeur...

— Il *propose*, mais sa mère peut *disposer* et le contraindre d'obéir à des ordres formels, si ardent que soit d'ailleurs son désir de revoir Marthe. — Quel prétexte aurait-il pour enfreindre ces ordres? car vous comprenez qu'il se gardera bien de dire à la comtesse qu'il est follement épris de la pupille du docteur Thompson!... — L'idée fixe des très jeunes gens — (vous le savez aussi bien que moi) — est de cacher à tous les regards leur premier amour, surtout aux regards maternels!

— N'est-il point à craindre que cette démarche te compromette?

Jacques haussa les épaules.

— En quoi? — répondit-il. — Fabien de Chatelux a secouru ma pupille... — Je lui dois et je lui fais une visite de remerciement... — Qu'y a-t-il de plus simple, de plus naturel?... — J'agis en homme du monde, en homme bien élevé, et je décide peut-être la comtesse, *ipso facto*, à assister à la soirée de lundi...

— Agis donc à ta guise...

— Et là ne se borneront pas mes démarches... — reprit le pseudo-Thompson.

— Que veux-tu faire de plus?

— Je n'aime point parler de mes plans avant qu'ils soient mûris et prêts à être exécutés... — Vous me verrez à l'œuvre... — A-t-on des nouvelles de ces Fromental ?

— Non... — Je me suis informé... — Le père et le fils sont absents...

— J'ai envoyé une lettre d'invitation, mais viendront-ils ? — S'ils ne viennent pas, il faudra s'occuper d'eux sérieusement. — Pour se cacher ils n'ont aucun motif, donc on peut les trouver !

— Et on les trouvera... — dit Pascal.

— Moi, comme ce n'est pas aujourd'hui jour de consultations, je m'occuperai de nos affaires...

Un domestique vint prévenir que le déjeuner était servi.

— Nous descendrons dans un instant... — répondit Jacques ; puis, quand le domestique se fut retiré, il ajouta :

— Un mot relativement à Marthe, ma chère Angèle... — Vous causez beaucoup avec elle... Elle a toute confiance en vous.

— Sans doute...

— Ne vous a-t-elle point, ces jours-ci, parlé de son passé, de sa position actuelle, de son avenir ?...

— Elle ne m'a entretenu de rien de semblable. — Mais pourquoi me demandez-vous cela ?

— Parce que je voudrais pouvoir attribuer à une cause quelconque la tristesse si visible qui s'est emparée d'elle depuis son départ du *Petit-Castel*. — Il me paraît impossible que vous ne vous soyez point aperçue du grand changement qui s'est fait en elle...

— Je l'ai trouvée un peu sombre en effet... — répondit Pascal, — mais j'ai supposé que le chagrin résultant de la mort de sa mère s'imposait à elle avec une nouvelle force. — Ces sortes de crises intermittentes ne sont pas rares.

— Que ce soit cela ou autre chose, elle ne m'a fait aucune confidence... — dit l'ex-marchande à la toilette.

— Cette enfant a un secret qu'elle nous cache... — reprit Jacques.

— Imagination!

— Non, certitude!... — Vous êtes en vérité peu clairvoyants si sa contrainte à certaines heures ne vous saute pas aux yeux.

— Que crois-tu donc?

— Je ne crois rien de particulier... — Je me perds en conjectures...

— Supposes-tu qu'elle ait deviné nos projets?

— Quant à cela, non! Cent fois non! C'est impossible!... Son changement vient d'une souffrance, d'un chagrin récent! Ses mains brûlantes prouvent la fièvre... ses paupières rougies attestent les nuits sans sommeil... Marthe a quelque chose que je ne puis deviner, quelque chose que je veux, que je dois connaître... Cherchons! ce qu'on cherche bien, on le trouve.

— Eh! que t'importe? — répliqua Pascal, un peu surpris de l'animation avec laquelle le médecin venait de parler. — Marthe est entre nos mains un instrument et pas autre chose... — Quand elle nous aura rendu sans le savoir les services que nous attendons d'elle... quand elle aura joué inconsciemment le rôle du lard dans la souricière, enfin quand l'instrument ne sera plus utile, tu n'auras point l'intention, j'imagine, d'en embarrasser notre vie! — Pourquoi donc l'inquièterais-tu de ses souffrances hypothétiques et de ses chagrins supposés?

Jacques avait tressailli en écoutant Pascal.

— Qui peut répondre de l'avenir? — murmura-t-il.

— Oh! oh! — s'écria l'ex-secrétaire du comte de Thonnerieux, — voilà une parole qui trahit ta pensée malgré toi, mon cher!

— Vraiment? — fit Jacques avec un sourire.

— Je commence à croire que tu n'as pu te soustraire à l'influence de la beauté de Marthe... L'orpheline a fait naître dans ton cœur une de ces passions que tu traitais de folies il y a quelques jours à peine.

— Bref, tu es amoureux à en perdre la tête... — Est-ce exact?

Le médecin regarda Pascal, et répondit avec un nouveau sourire :

— Peut-être oui… peut-être non. — Qui peut se vanter de se bien connaître ? Allons déjeuner…

On descendit à la salle à manger.

Pendant le repas qui fut court, Jacques se montra soucieux et préoccupé.

— Vas-tu sortir ? — demanda-t-il à Pascal en quittant la table.

— Non… j'attendrai ici pour connaître le résultat de ta visite à l'hôtel de Chatelux…

— Donne l'ordre d'atteler, je te prie. — Je vais voir Marthe et je partirai ensuite…

Jacques se rendit avec Angèle à la chambre de la jeune fille.

Marthe sommeillait, mais le bruit que fit la porte en s'ouvrant la tira de son assoupissement.

Angèle était entrée la première.

— Ma chère mignonne, — dit-elle, — c'est le docteur qui désire vous voir…

— Qu'il vienne… — répliqua l'orpheline — il me trouvera beaucoup mieux…

A peine venait-elle de prononcer ces mots que Jacques franchit le seuil.

Une fièvre violente brûlait son sang, faisait battre ses artères et précipitait les mouvements de son cœur.

C'était la première fois qu'il pénétrait dans cette chambre et qu'il voyait Marthe couchée.

La gorge serrée par l'émotion il s'approcha du lit, prit la main de l'orpheline et compta les battements du pouls, tandis que son regard étudiait le visage fatigué.

— Je n'ai pas de fièvre... — dit Marthe... — la peur m'avait brisée, voilà tout... — Je me sens remise...

— Cependant, chère enfant, — répliqua Jacques, — vos traits portent l'empreinte d'un malaise très réel, et qui ne date point de ce matin... — Vous souffrez certainement, et voilà plusieurs jours que je constate cet état de souffrance; — il a commencé aussitôt après votre départ du *Petit-Castel*...

Marthe devint pourpre.

Cette rougeur soudaine ne pouvait échapper aux yeux perçants de Jacques.

— Avez-vous donc quelque chagrin? — continua-t-il. — Pourquoi me cachez-vous la cause de votre souffrance?... — Peut-être me serait-il possible de la soulager...

— Mais je n'ai rien... — balbutia la jeune fille avec un embarras manifeste — je ne vous cache rien...

— Jureriez-vous cela?

De nouveau Marthe rougit.

— Pourquoi me demander un serment quand je vous affirme que je n'ai rien? — fit-elle. — Doutez-vous donc de ma parole?

Jacques n'insista pas.

— Il vous faut du repos, — dit-il, — tâchez de dormir un peu. — Ce soir je reviendrai vous voir à mon retour... A bientôt...

— A bientôt, docteur...

Le médecin enveloppa la jeune fille d'un regard ardent, tout en serrant la main qu'elle lui tendait; puis, s'arrachant à cette contemplation, il quitta la chambre avec Angèle.

XXXIX

— Qu'a-t-il donc? — se demanda Marthe au moment où la porte se refermait derrière le docteur; — je ne l'ai jamais vu ainsi... — Ses regards avaient ce matin quelque chose d'étrange... — Il m'a semblé que ses yeux étaient pleins de larmes...
— Pourquoi?

Après un instant de réflexion, elle se répondit :

— Sans doute, en me voyant couchée, il pensait à la dernière maladie de la fille qu'il a perdue, et cela ravivait ses douleurs paternelles... Pauvre docteur, comme il est bon, et comme il est clairvoyant !... il s'aperçoit que je souffre... Je n'ai pas pu lui cacher ma tristesse, mais au moins je saurai lui cacher mon amour... Ah ! cet amour, voilà le mal qui me mine, qui me tuera peut-être... A ce mal il n'y a qu'un seul remède... revoir Paul ! Mais le reverrai-je ?

La jeune fille appuya sa tête sur l'oreiller et ferma les yeux.

Elle ne dormait pas, cependant.

De grosses larmes s'échappaient une à une de ses paupières closes, et coulaient sur ses joues pâlies.

* *
*

Fabien de Chatelux, — nous l'avons dit, — avait suivi du regard, aussi longtemps qu'il l'avait pu, le landau qui emportait Marthe et Angèle.

La divine beauté de la jeune fille venait de l'étourdir, de le griser littéralement.

Il se sentait mordu au cœur, et cette sensation, inconnue de lui jusqu'alors, lui faisait éprouver un trouble délicieux.

Il resta pendant un instant sous le charme qui le tenait immobile, puis, secouant cette torpeur romanesque, il reprit sa promenade. Mais tandis qu'il marchait à pas lents, sa pensée était tout entière à la rencontre qu'il venait de faire, à cette jeune fille, à cette parente du docteur Thompson, l'étranger déjà célèbre de qui sa mère avait reçu une lettre d'invitation pour une soirée prochaine à laquelle elle refusait d'assister.

— La vie est pleine de hasards étranges, de rapprochements impossibles à prévoir... — murmurait Fabien. — Hier je disais comme ma mère : — « Nous ne connaissons pas ce docteur... Nous ignorons sa position réelle, ses origines ; c'est peut-être quelque charlatan battant la grosse caisse pour arriver à se faire une clientèle... — Il serait indigne de nous d'aller grossir le nombre des naïfs qui ne manqueront point de courir où la réclame les appelle !... — Restons chez nous ! »

» Voilà ce que je pensais hier... Voilà ce que j'aurais soutenu, de la meilleure foi du monde, envers et contre tous.

» Aujourd'hui rien n'est changé, mais un incident bizarre m'a mis sur le chemin de cette adorable jeune fille, et je suis prêt à dire à ma mère, à lui prouver que nous devons accepter l'invitation du docteur, un honnête homme, un homme du plus rare mérite, un prince de la science enfin !... — Il faut la convaincre ! — Comment ? Je ne sais pas encore, mais je la convaincrai certainement ! — Je veux revoir la parente du docteur Thompson... et d'ailleurs je lui ai promis que je la reverrais... »

Tout en monologuant ainsi, Fabien était retourné sur ses pas.

Il regagna l'hôtel de la rue de Tournon, et pensif il s'enferma dans sa chambre, cherchant le moyen d'amener madame de Chatelux à revenir sur la détermination prise la veille, et cela en lui laissant ignorer le motif qui l'attirait chez le médecin de la rue de Miromesnil.

L'heure du déjeuner sonna.

Fabien descendit auprès de sa mère qui l'attendait.

Son visage était gai et souriant ; il embrassa très affectueusement la comtesse et s'assit à table en face d'elle.

— Tu es sorti ce matin, cher enfant ? — lui demanda-t-elle en voyant son teint animé et ses yeux brillants.

— Oui, mère.

— A pied ?

— Oui.

— Où es-tu allé ?

— Jusqu'à la porte du Bois de Boulogne, et même un peu plus loin.

— Du Luxembourg au bois de Boulogne, il y a loin ! — Tu fais des promenades trop longues... —
— La marche est hygiénique au plus haut point, mais à la condition de ne pas se fatiguer outre mesure...

— Ne crains rien, mère... — Le temps était splendide... J'ai marché doucement, et cela m'a donné un superbe appétit !... Tu vas voir...

— Tant mieux, alors... Mais sois raisonnable...

— Aujourd'hui tu vas à Créteil chez ton ami Paul Fromental, et demain tu te fatigueras, j'en ai peur...

— Tu as tort d'avoir peur... Je me ménagerai, je te le promets...

— Reviendras-tu samedi soir ou dimanche matin ?

— Comme tu voudras, mère...

— Je te laisse absolument libre... — Je serais désolée d'abréger les heures d'une distraction qui te plaît.

— Eh bien, puisque tu le permets, je reviendrai dimanche matin seulement.

— Tâche d'égayer un peu ton ami Paul. — Je le trouve bien sombre depuis quelques temps... — L'as-tu remarqué comme moi ?...

— Oui, mère, et cela me peine...

— Paul a-t-il donc quelque sujet de chagrin ?

— Je ne le crois pas... — Raymond Fromental est le meilleur des pères... Il aime son fils aussi tendrement que tu m'aimes, toi... — Paul n'a donc rien à désirer... — Je crois que sa tristesse, plus apparente peut-être que réelle, tient à son état de santé qui n'est pas ce qu'il devrait être...

— Tu dois avoir raison... — la croissance l'a beaucoup affaibli, et l'affaiblissement physique réagit sur le moral... Profite de ta présence auprès de lui pour le contraindre à s'agiter, à se distraire... — Son existence est forcément monotone dans la solitude, et tout changement lui sera salutaire.

La conversation avait pris une tournure qui plaisait singulièrement au jeune homme, puisqu'elle lui permettait d'entamer avec madame de Chatelux une question brûlante.

— As-tu pensé, mère chérie, — dit-il tout à coup, — à l'invitation qui nous a été adressée par le docteur Thompson? As-tu décidé ce que tu ferais?

— Pourquoi me demandes-tu cela?

— Parce que, si nous devons nous rendre à cette invitation, je resterai moins longtemps à Port-Créteil...

— As-tu donc oublié notre conversation d'hier?... — Nous étions tombés d'accord sur ce point que, ne connaissant pas le docteur, nous n'avions aucune raison pour aller chez lui....

— Je me souviens de cela parfaitement;... mais j'ai réfléchi...

— Et le résultat de tes réflexions?...

— C'est qu'il y aura sans le moindre doute à l'hôtel de ce médecin étranger, qu'une grande célébrité a précédé chez nous, une réunion de savants, d'innovateurs, qu'il sera très intéressant d'entendre causer... — C'est une occasion peut-être unique, et je crois que nous aurions tort de la laisser échapper...

Madame de Chatelux fit un geste de surprise.

— Tel n'était point ton avis hier... — répliqua-t-elle.

— En effet; mais hier, sans m'en douter, je subissais l'influence de tes idées, un peu trop absolues peut-être, permets-moi de te le dire. — En somme, tu es hors d'état de formuler contre le docteur Thompson un autre grief que celui d'abuser volontiers de la réclame... — Grief bien mince, étant donné que le docteur est un homme de science, un galant homme, et de plus un Américain... — Il y a là une résultante de sa nationalité... — Les citoyens des Etats-Unis sont tous dévorés de la fièvre de la réclame... Ils ont même importé cette fièvre à Paris, et beaucoup de Français ne le cèdent en rien aux Yankees dans l'art de battre la grosse caisse et de frapper le tambourin!... — Le docteur a rempli les journaux de son nom, c'est indiscutable; mais pouvait-il agir autrement pour être connu tout de suite dans un pays où il venait pour la première fois? — S'il n'eût pas été sûr de lui-même, il aurait fait moins de bruit...

— Mais quelle chaleur, mon enfant!... — s'écria madame de Chatelux de plus en plus étonnée. — Avec quelle animation tu plaides la cause d'un homme dont tu parlais dédaigneusement hier, et que tu accusais de charlatanisme !

— Hier, j'avais tort... J'étais injuste... Mes réflexions me l'ont prouvé...

— Soit!... Mais qui donc t'a suggéré ces réflexions!...

Fabien, très embarrassé, se sentit rougir.

La comtesse vit son embarras et sa rougeur.

— Mon cher enfant, — lui dit-elle en le regardant bien en face, — il me semble que tu me caches quelque chose.

— Eh! que pourrais-je te cacher?

— Je l'ignore et je voudrais le savoir. — Parle-moi donc avec ta franchise habituelle...

Le jeune homme allait répondre et balbutier sans doute quelque maladroite dénégation.

Il n'en eut pas le temps.

La porte de la salle à manger s'ouvrit et un domestique entra, portant une carte sur un plateau d'argent.

— Qu'y a-t-il, Germain? — fit madame de Chatelux.

— Madame la comtesse, c'est un monsieur qui sollicite l'honneur d'être reçu par madame la comtesse et par M. le vicomte... — Voici sa carte...

Madame de Chatelux prit la carte et lut à haute voix, avec une expression d'étonnement facile à comprendre :

— *Le docteur Thompson !*

Puis, se tournant vers Fabien qui devenait successivement très rouge et très pâle, elle ajouta :

— Que signifie cette visite, absolument incompréhensible pour moi?

— Mais, non pour moi... — répondit le jeune homme en prenant un brusque parti.

— Alors, j'attends une explication...

— La voici : — Le hasard m'a permis ce matin, à l'entrée du bois de Boulogne, de rendre un service à deux dames... deux parentes du docteur.

— Quel service ?

— Leur voiture a failli être renversée... brisée... l'une d'elle s'est évanouie... heureusement j'avais sur moi un flacon de sels... — Le docteur vient sans doute nous rendre une visite de remerciement...

— Je commence à comprendre... — fit madame de Chatelux avec un sourire. — Une de ces dames était jeune, sans doute ? et jolie, n'est-ce pas ?

Fabien baissa la tête.

Madame de Chatelux continua :

— Voilà ce qui t'a suggéré tes réflexions !! — voilà pourquoi tu plaidais avec tant de feu la cause du docteur ! — Il fallait me le dire cela tout de suite... — Germain, faites entrer ce visiteur au petit salon où nous irons le trouver.

Le valet sortit.

— Ah ! cachotier ! — reprit la comtesse en embrassant son fils, — tu portes aide et secours à de belles dames, en chevalier français, et tu ne t'en vantes pas !... Et ces belles dames se trouvent justement être les parentes du docteur Thompson !... — E vérité, quand le hasard se mêle de faire les choses, il les fait bien! — Allons recevoir le docteur... La promptitude de sa visite me prouve son savoir-vivre... — Me voilà déjà un peu raccommodée avec lui...

Et madame de Chatelux, suivie de Fabien moitié penaud, moitié radieux, se dirigea vers la pièce où Germain, par son ordre, venait d'introduire Jacques Lagarde.

Celui-ci se tenait debout au milieu du petit salon, jetant un regard de connaisseur sur les tableaux anciens suspendus aux murailles.

En voyant entrer la mère et le fils, il s'inclina profondément devant elle, et courtoisement devant lui, avec l'aisance parfaite et la science des nuances d'un homme du monde accompli.

— Pardonnez-moi, madame, je vous en prie, — dit-il, — la liberté que j'ai prise de solliciter de vous une audience sans avoir eu l'honneur de vous être présenté. — C'est absolument incorrect, je le sais, mais je plaide les circonstances atténuantes. — J'ai contracté envers monsieur votre fils une dette de reconnaissance, et le payement de cette dette ne se pouvait remettre au lendemain.

— Mon fils m'a dit, en effet, qu'il avait eu le bonheur de rendre un léger service à deux de vos parentes... — répliqua la comtesse en désignant de la main un siège au docteur.

— Service très réel, madame, et dont je viens lui témoigner toute ma gratitude.

— Je n'ai fait que ce que tout autre eût été heureux de faire à ma place... dit Fabien.

— Permettez-moi de n'être pas d'accord avec vous à ce sujet, monsieur, — répliqua Jacques; — vous n'étiez pas seul sur le théâtre de l'accident, et seul vous avez eu la pensée de vous élancer sur le marchepied de la voiture en péril, et de venir en aide à ces dames... et je vous apporte, avec la mienne, l'expression de leur reconnaissance...

Jacques s'était assis.

Fabien, rougissant, s'inclina.

— Ces deux dames étaient sans doute madame Thompson et sa fille ? — demanda la comtesse.

— Non, madame... Je suis veuf et je n'ai plus de fille... — La plus âgée seule est ma parente... — l'autre est une douce et chère enfant qu'aucuns liens du sang n'attachent à moi... — Je l'ai secourue, je l'ai recueillie au moment où elle venait d'avoir l'immense malheur de perdre sa mère et où elle restait orpheline et seule au monde... — Je l'aime tendrement, je l'aime comme si elle était la fille adorée que j'ai perdue et dont elle a les traits exquis, l'âme si pure et la bonté... J'ai fait d'elle mon enfant adoptive, et par moments, — douce illusion!... je me figure être son père!...

— Dieu vous récompensera, monsieur, d'avoir recueilli cette orpheline.

— Il m'en récompense déjà, madame, car elle est le charme et la joie de ma maison.

— Quel âge a-t-elle?

— Dix-neuf ans...

— Mon âge... — murmura Fabien.

— J'espère, — reprit le pseudo-docteur Thompson, — que madame la comtesse de Chatelux me permettra de lui présenter ma protégée... — Ma visite a un double but... — J'ai pris la liberté, madame, de vous adresser une invitation. — En la recevant vous avez dû certainement éprouver quelque surprise, et vous demander d'où me venait une telle hardiesse, inexcusable en apparence... — Là encore je plaide les circonstances atténuantes. — Le docteur Richaud, une des gloires de la science moderne, qui a l'honneur d'être admis dans votre intimité, m'avait vanté votre bienveillance, votre indulgence inépuisable, et m'avait promis de me recommander à vous et de vous affirmer qu'il pensait de moi quelque bien... — Ceci, madame, ne justifie peut-être pas mon audace, mais du moins l'explique...

— En effet, je connais beaucoup le docteur Richaud et je fais de lui le plus grand cas, — dit madame de Chatelux. — Ce que vous venez de m'apprendre, non seulement explique un procédé qui m'étonnait, je l'avoue, mais il le justifie et le rend parfaitement naturel...

— Vous le voyez, madame, j'avais raison de compter sur votre indulgence... — Je le savais, et voilà pourquoi j'ai été si heureux de l'occasion qui m'était offerte de me présenter aujourd'hui chez vous. — Voilà pourquoi j'en profite en vous donnant les explications que vous venez d'entendre.

XL

Le docteur Thompson, par la simplicité de son langage, par la distinction de sa personne et de ses manières, faisait de plus en plus la conquête de madame de Chatelux.

— Vous avez ouvert votre cabinet de consultations, monsieur... — dit-elle.

— Oui, madame... depuis hier, — répondit Jacques Lagarde.

— Je sais que vous donnez vos soins au fils d'une personne que nous connaissons... Avez-vous été satisfait des résultats de votre première journée?

— Plus que satisfait, madame... J'étais loin de m'attendre à une telle affluence... — Cette affluence m'a démontré combien est puissante la réclame, puisque sans elle je n'aurais pas obtenu d'un seul coup une grande notoriété dans ce Paris, ville géante, reine du monde, où j'étais inconnu il y a huit jours...

— Tant mieux, monsieur... je vous en félicite... — je suis heureuse que vous ayez été si vite compris...

— Je dois l'être, madame... Permettez-moi d'ajouter que je mérite de l'être, puisque j'appelle à moi les malades, non pour m'enrichir à leurs dépens — (je suis riche), — mais pour les guérir.

— Vous vous êtes donné là, monsieur, une noble mission...

— Si vous la trouvez belle, madame, je suis récompensé !...

— Mon estime vous est tout entière acquise.

— Alors, madame, puisque j'ai l'honneur d'être jugé favorablement par vous, permettez-moi d'insister pour obtenir une chose à laquelle j'attache un prix énorme... Je parle de votre présence à la soirée que je donne lundi prochain et pour laquelle vous avez reçu une invitation...

— Depuis longtemps déjà je ne vais plus dans le monde... — objecta la comtesse.

— Il ne s'agit pas du monde, mais d'une réunion peu nombreuse, à laquelle ont promis d'assister plusieurs savants, parmi lesquels le docteur Richaud, notre ami commun, et quelques célébrités des lettres et des arts. — La causerie et un peu de bonne musique en feront tous les frais... — Le véritable but de ces réunions qui seront fréquentes est bien simple... je veux qu'après avoir connu le médecin dans mon cabinet de consultation, on connaisse l'homme dans mon salon... — Permettez-moi d'ajouter, madame, qu'en accueillant ma requête par une fin de non recevoir vous me peinerez beaucoup...

— Eh bien ! docteur, quoique je vive dans une retraite absolue depuis la mort de mon mari, je consens à rompre pour vous avec mes habitudes...
— Mon fils et moi nous assisterons à votre soirée de lundi prochain...

Fabien rayonnait.

— Monsieur le docteur, — dit-il, — voulez-vous me donner des nouvelles de ces dames ? — Elles me semblaient complètement remises de leur frayeur quand je les ai quittées... — J'espère que l'accident n'a pas eu de suites fâcheuses.

— Pas d'autre qu'une crise nerveuse assez violente déterminée par l'émotion chez ma pupille — (c'est ainsi que j'appelle ma protégée). — J'ai combattu cette crise dès son début... Il n'en restait plus de trace quand je suis sorti de l'hôtel...

— Heureusement ! — murmura Fabien.

Jacques Lagarde s'était levé.

— J'étais venu pour remercier monsieur votre fils, — dit-il, — et maintenant, madame, c'est à vous d'agréer la respectueuse expression de ma plus vive gratitude... — En daignant accepter mon invitation, vous avez fait de moi un homme bien heureux...

Quelques paroles furent encore échangées, puis le docteur prit congé de la comtesse, quitta le salon et fut reconduit par Fabien jusqu'au vestibule.

— Allons, — pensait-il en remontant en voiture, je crois que j'ai bien joué mon rôle et que la réussite est complète ! — Si quelqu'un doit se défier du docteur Thompson, à coup sûr ce ne sera point madame de Chatelux...

Fabien monta vivement rejoindre sa mère.

— Eh bien ! — lui demanda-t-il plus vivement encore, — comment trouves-tu notre visiteur ?

— Question inutile, mon cher enfant, — répondit la comtesse en souriant.

— Inutile !... pourquoi ?

— Si j'avais persisté dans les préventions qu'il m'inspirait, rien n'aurait pu me décider à aller chez lui lundi prochain... — Avant de connaître le docteur j'éprouvais pour lui je ne sais quel éloignement irraisonné, instinctif... — Il a conquis maintenant toute ma sympathie... — Je lui pardonne même cet abus de réclame que je lui reprochais. Il est charmant, de tous points charmant !...

Le jeune homme rayonnait de plus en plus. Il triomphait littéralement, comme si les éloges de sa mère s'adressaient à lui-même.

— Maintenant, — fit-il en embrassant la comtesse avec plus d'effusion encore que de coutume, — maintenant, je vais m'apprêter, et partir pour Créteil où m'attend mon ami Paul.

*
* *

Raymond Fromental s'était levé de grand matin, afin de mettre un peu d'ordre dans ses notes avant de s'éloigner de Paris.

Il pensait que son fils, pendant ce temps, ferait la grasse matinée.

En cela il se trompait.

Après avoir passé une nuit presque blanche, l'âme toujours hantée par ses souvenirs d'amour, Paul avait sauté en bas de son lit dès le point du jour.

Il s'habilla et vint trouver son père.

— Déjà levé! — s'écria ce dernier.

— Oui, père...

— Et tu as mal dormi... — ajouta Raymond.

— A quoi vois-tu cela?

— Aux traces d'insomnie que porte ton visage.

— Eh bien! c'est vrai... j'ai mal dormi. — J'étais agité... fiévreux... — Veux-tu que nous retournions immédiatement à Port-Créteil?...

— Je veux tout ce que tu désires. — Comment ferons-nous le voyage?

— Par le chemin de fer. — C'est le mode de locomotion le plus simple et le plus rapide.

— Soit ! ne prendras-tu pas quelque chose avant notre départ ?

— Non. — Je n'ai aucun appétit de si bonne heure. — Nous surprendrons Madeleine, qui nous fera vite à déjeuner...

— Eh bien ! va t'apprêter et partons.

Paul monta dans sa chambre chercher son chapeau, ses gants et son sac à main.

Pendant ce temps, Raymond serrait ses papiers, fermait tout à double tour et mettait les clefs dans sa poche.

Ceci fait, il traça deux ou trois lignes à la hâte sur une demi-feuille de papier.

Paul vint le rejoindre.

Ils descendirent.

Raymond entra chez le concierge.

— Je m'absente de Paris pour quelques jours, — lui dit-il. — Je vais à Port-Créteil avec mon fils. — Je viendrai fréquemment à Paris... — Si pendant mon absence on venait me demander, et s'il s'agissait de quelque chose d'important et de pressé, voici l'adresse à laquelle on pourrait m'écrire ou me télégraphier.

— Suffit, monsieur Fromental. — Je mets l'adresse en lieu sûr et je la communiquerai au besoin...

Le père rejoignit son fils, et tous deux se dirigèrent vers la gare de Vincennes.

— Ainsi, père, tu m'accompagnes?... — dit Paul. — Est-ce au moins pour me tenir compagnie pendant quelques jours dans notre maisonnette ?

— Oui, cher enfant.

— Quel bonheur !... Combien de jours?...

— Cela, je ne pourrais pas te le dire au juste... — huit ou dix jours, j'espère, peut-être plus.

— Alors, ce voyage que tu devais faire?...

— J'ai adressé une demande au ministère et j'ai obtenu que ce voyage serait remis à un peu plus tard. — J'ai besoin de préparer un travail avant de l'entreprendre utilement...

— Tu iras sans doute passer une inspection des bibliothèques départementales ?

C'était la première fois que Paul interrogeait ainsi son père.

Raymond comprit qu'il ne fallait pas témoigner le moindre embarras, laisser voir la moindre hésitation dans ses réponses, sous peine de faire naître en son esprit quelques doutes qui deviendraient vite des soupçons.

Aussi répliqua-t-il du ton le plus naturel :

— Parfaitement... C'est une tournée d'inspection.

— Dans quelle région feras-tu cette tournée ?

— Dans le Midi.

— Quels sont les départements du Midi que tu dois visiter...

— Mais, — répondit Raymond, étonné de cette insistance, — les départements de la Drôme, du Gard, des Bouches-du-Rhône... J'irai jusqu'à Marseille. — Pourquoi me demandes-tu cela ?

— Parce que je voudrais, père, qu'à ton prochain voyage tu fasses de moi ton compagnon de route.

— Tu désires m'accompagner ! — s'écria Fromental.

— Oui... — Je le désire même de façon très vive... — Il me semble que j'ai besoin de mouvement... de changement d'air... j'ai toujours eu, d'ailleurs, la plus grande envie de connaître le Midi... — Rien ne t'empêche, n'est-ce pas, d'emmener quelqu'un avec toi, et comme le docteur Thompson m'a défendu pendant un certain temps tout travail, je serais heureux d'utiliser cette période de repos forcé et de m'instruire sans fatigue en voyageant... — Ne pourrais-tu me procurer cette joie ?...

Raymond éprouvait un embarras plus facile à comprendre qu'à décrire.

Comment s'y prendre pour refuser à son fils une chose si simple en apparence, et par quel prétexte spécieux motiver ce refus ?...

— Tu sais, cher enfant, combien je souhaite t'être

agréable en toutes choses, dans la mesure du possible, — répondit-il. — Mais ce que tu crois devoir être une distraction serait en réalité fort ennuyeux pour toi...

— Comment cela, père ?

— Des voyages de cette nature sont pénibles et fatigants... — Jamais de repos... plus de régularité dans les habitudes... sans cesse en chemin de fer... La vie d'auberge dans des petites villes monotones...

— Je t'assure que cela me plairait beaucoup... Songe que je n'ai jamais rien vu, et que pour moi tout serait nouveau.

— Eh bien, nous en recauserons, cher enfant...

— Quand dois-tu partir ?

— L'époque n'est pas fixée au juste... elle peut être soit avancée, soit reculée... — Mais que signifie cette fièvre de locomotion qui s'empare de toi subitement ?...

Paul poussa un soupir et murmura :

— Cela signifie, père, que je voudrais trouver un moyen d'oublier.

Une larme roula sous les cils du jeune homme et tomba sur sa joue.

Raymond vit cette larme et sentit son cœur se serrer. Mais à sa tristesse se mêlait une sorte de contentement.

Sans y songer, Paul lui fournissait l'occasion de l'interroger au sujet de son amour.

Malheureusement on venait d'arriver à la gare.

Au milieu du mouvement incessant, des allées et venues des voyageurs, il était impossible de continuer un entretien intime.

Les guichets s'ouvraient.

Fromental prit deux places et l'on partit.

Madeleine n'attendait pas si tôt ses chers maîtres.

Sa joie de les revoir égala sa surprise.

Tout d'abord elle embrassa Paul avec effusion, comme une mère embrasse son fils.

— Eh bien ! — lui demanda-t-elle ensuite. — Vous l'avez vu, le grand médecin ?

— Oui, ma bonne Madeleine...

— Qu'est-ce qu'il a dit ?

— Qu'il me guérirait, que j'aurais bientôt recouvré ma santé complètement, et il le fera comme il l'a dit...

— Allons ! allons ! voilà un brave homme... — Quand il voudra je me jetterai pour lui au feu ou à l'eau... à son choix ! — Présentement faudrait savoir, mes chers maîtres, si vous avez faim...

— Pas encore beaucoup, mais nous prendrons quelque chose avant de déjeuner...

— J'ai un morceau de veau froid d'hier.

— Avec un verre de vin de Bordeaux, cela suffira...

— Dresse le couvert pendant que je vais mettre mon costume de campagne...

Et Paul se dirigea vers sa chambre.

— Il me semble mieux portant et plus gai, le cher mignon, — dit Madeleine à Fromental. — Est-ce que je me trompe?

— Hélas! — répondit le père, — gaieté factice, ma pauvre Madeleine!... sourire menteur!

— Bonté divine! Qu'est-ce que vous me racontez là?

— La vérité pure! — Ce n'est pas seulement le corps qui souffre chez Paul... l'âme aussi est malade... le cœur est atteint...

— L'âme est malade... le cœur est atteint, — répéta la vieille servante, — je ne comprends pas... — Qu'est-ce que ça signifie?

— Cela signifie que Paul est amoureux...

La brave Madeleine leva ses deux bras vers le plafond.

— Ah! par exemple! — s'écria-t-elle, — et moi qui ne m'en doutais point! Comment donc que ça lui a pris, au cher mignon?...

— Il a rencontré, je ne sais encore en quel endroit, une jeune fille dont il s'est épris follement.

— Eh bien?

— Cette jeune fille a disparu... En disparaissant

elle a emporté avec elle l'âme et le cœur de Paul... sa vie peut-être, car cet amour le tue !!.. Comprends-tu, maintenant ?

— Je comprends, mon cher maître, qu'il faut la retrouver, cette personne qui lui a tourné la tête et, si elle est digne de lui, la lui donner...

— La retrouver !! — répéta Fromental. — Dans le premier moment de trouble, effrayé de la douleur de mon enfant, j'ai promis sinon de la retrouver, du moins de la chercher, et je regrette aujourd'hui cette promesse...

— Pourquoi ?

— Paul n'est-il pas le fils de son père... le fils d'un condamné à la réclusion ? — Que je retrouve cette fille et qu'elle soit digne de lui, le fils du condamné ne sera pas digne d'elle !

— Ce n'est point sérieux, cela, mon cher maître ! — répliqua vivement Madeleine. — Quant au crime, d'abord, ce n'est pas vous qui l'avez commis, c'est ceux qui vous ont condamné ! Et admettons même que vous ayez été criminel, ce qui est faux, de quel droit rendrait-on le fils responsable de la faute du père ?

— Du droit que s'arroge la société !... — La condamnation qui m'a déshonoré constitue pour Paul une flétrissure ineffaçable !...

— Cette condamnation, qui la connaît ? — On peut

la tenir secrète... — La préfecture de police vous en fournira les moyens. — Vous avez assez fait pour elle, mon cher maître... — C'est bien le moins qu'à son tour elle fasse quelque chose pour vous !

XLI

— Eh! — répliqua Raymond d'une voix sombre, — c'est la préfecture qui m'épouvante le plus! — Forcé de m'y rendre presque chaque jour, de m'y montrer à visage découvert, sans cesse je tremble de me trouver face à face avec quelqu'un qui m'ait rencontré là, qui me reconnaisse et qui puisse me montrer du doigt et dire, en présence de mon fils : — *Vous voyez bien cet homme, il est de la police!...*

— N'avez-vous pas une promesse de madame la comtesse de Chatelux, mon cher maître? — demanda Madeleine.

— J'ai une promesse qu'elle tiendra... — Elle doit visiter aujourd'hui même le secrétaire particulier du garde des sceaux pour lui parler de moi, et j'irai demain lui demander ce qu'elle a obtenu.

— Alors pourquoi vous désoler?... pourquoi jeter

le manche après la cognée au moment où vous allez sans doute être délivré de tout ennui? — Ayez confiance, mon cher maître, et cherchez la personne qu'aime votre mignon... — Où l'a-t il connue, cette personne?

— Il faut que je le questionne à ce sujet, car je ne sais rien...

— Oh! il n'est point cachottier, notre cher enfant... — il vous dira les choses comme elles sont...

— Je l'espère bien...

— Restez-vous quelques jours ici?

— Oui... j'ai un congé.

— Profitez-en donc pour agir...

En ce moment, Paul reparut.

— Ah! par exemple, — s'écria-t-il, — je ne te reconnais plus, Madeleine! — Comment, la table n'est pas mise!...

— Ne me grondez point... C'est votre papa qui en est cause... Il me parlait et, naturellement, je lui répondais... — Mais le retard est mince et tout sera bientôt prêt...

— Je vais t'aider, ma bonne Madeleine... — Descends à la cave pendant que je mettrai le couvert... Je m'y entends aussi bien que toi...

— C'est ça... — dit Raymond en souriant, — nous allons nous partager la besogne...

Et, tandis que Madeleine allait chercher du vin, le

père et le fils étalèrent la nappe bien blanche et disposèrent les assiettes.

La vieille servante remonta, apportant une bouteille et un morceau de veau froid.

Elle y joignit du pain, des fruits et du fromage, les éléments enfin d'une collation modeste, mais suffisante.

— Ah ! — fit tout à coup le jeune homme en tirant de sa poche une petite boîte, — n'oublions pas l'ordonnance du docteur Thompson !...

Il prit dans la boîte deux pilules argentées et il les avala dans une gorgée de vin.

— Madeleine, — dit Raymond, — il faudra te souvenir que Paul doit suivre un traitement rigoureux.
— Il te communiquera les instructions écrites du docteur à ce sujet...

— Les voici... — ajouta Paul en tendant à la vieille servante un papier plié en quatre... — il me faut des tisanes à n'en plus finir, tu verras... — Ah ! ma pauvre Madeleine, cela va te donner terriblement d'ouvrage !...

— Avec ça que je regarde à ma peine ! — répliqua Madeleine ; — d'ailleurs, quand je travaille pour vous ou pour votre papa, mes chers maîtres, c'est tout plaisir !...

Le repas achevé, — et il ne fut pas long, — Paul se leva de table le premier.

Raymond l'imita.

— Tu sais, ma bonne Madeleine, que Fabien de Chatelux vient dîner ce soir avec nous... — reprit le jeune homme. — Tu sais également qu'il a bon appétit. — Soigne ton menu !

— Soyez tranquille... Vous serez content...

— Je te préviens qu'il couchera...

— Eh bien, on lui mettra des draps blancs dans un lit... — Je vous promets qu'il sera tout aussi bien couché, pour le moins, que dans l'hôtel de madame la comtesse, sa maman. — A quelle heure déjeunerez-vous ?

— A midi, et nous dînerons à six heures.

— Savez-vous ce que vous feriez, si vous étiez gentil ?...

— Quoi donc ?

— Vous iriez me pêcher une belle friture pour ce soir. — C'est ça qui corserait le menu... d'autant plus que M. Fabien adore la friture !

— C'est une idée. — Veux-tu venir avec moi, père ?

— Mais certainement... — Allons...

Paul prit ses outils de pêche et se dirigea en compagnie de Raymond vers le bateau qui se trouvait compris dans la location de la maisonnette.

Ils embarquèrent, remontèrent jusqu'au pont où Paul mit pied à terre pour aller se munir d'amorces, redescendirent ensuite la Marne et allèrent s'amarrer à l'embarcadère, l'endroit préféré du jeune homme, l'endroit qu'il aimait par-dessus tout, et cela pour la meilleure des raisons.

C'était là que pour la première fois Marthe lui était apparue, au travers des saules, gracieuse et légère comme une hamadryade ou comme une ondine.

En approchant de cette rive qui lui rappelait tant de souvenirs, Paul avait senti son cœur battre malgré lui.

Quoique sachant le *Petit-Castel* inhabité, il ne pouvait en détourner les yeux, espérant toujours que, sous l'ombrage des grands arbres, sur le sable blond des allées, entre les gazons verts, il allait voir glisser une forme adorée...

Vain espoir!

Rien ne se montra.

Tout était désert et silencieux.

Le bateau amarré, Paul jeta dans la Marne deux ou trois poignées de vers rouges, prépara ses lignes, en donna une à Raymond, et tous deux se mirent à pêcher.

Brusquement le jeune homme était devenu sombre et pensif.

Fromental, qui le regardait sans cesse à la dérobée, ne manqua point de s'apercevoir de ce changement subit de son allure et de sa physionomie.

— Ou je me trompe beaucoup, — se dit-il, — ou c'est ici qu'il a vu la femme qu'il aime. — Cet amour me perdra peut-être, moi... — Mais qu'importe ? — Je ferai tout pour que mon fils soit sauvé!...

Paul ne parlait pas.

Il pêchait avec une nonchalance évidente, ne portant aucun intérêt aux attaques du gardon ou de la brême, et aux plongeons constants du flotteur.

Bientôt même il retira de l'eau sa ligne, la posa au fond de la barque, et paraissant oublier qu'il n'était pas seul, s'absorba dans sa rêverie.

— Je crois, — pensa Raymond, — que le moment est venu de l'interroger...

Puis, tout haut, il ajouta :

— Si tu continues ainsi, cher enfant, nous aurons grand'peine à prendre la friture que réclame Madeleine, d'autant plus que je suis un pêcheur infiniment novice!...

Tiré de sa rêverie par la voix de son père, Paul tressaillit comme quelqu'un qu'on éveille en sursaut.

— A quoi donc pensais-tu ? — demanda Fromental.

— A rien, père, — je sommeillais.

— Les yeux tout grands ouverts !... — Voyons, mon enfant, l'heure est passée des grands secrets, puisque je connais la pensée qui remplit ton âme...

— Parle-moi donc franchement... comme on parle

à son père... à son meilleur ami... Tout à l'heure, ton âme entière était auprès d'ELLE, n'est-ce pas?..

Paul poussa un long soupir qui ressemblait à un sanglot, et de grosses larmes jaillirent de ses yeux.

— Oui, père... — murmura-t-il d'une voix étouffée — oui... tout entière auprès d'ELLE... — C'est plus fort que moi... Je voudrais oublier... Je ne peux pas... Je fais de vains efforts pour chasser de ma mémoire cette image qui me charme et me tue!... pour imposer silence à mon cœur!... — Mes tentatives sont inutiles... Ma volonté se brise... Mon cœur résiste... le souvenir est plus fort que tout!...

— Voyons, Paul, mon enfant, mon cher enfant, — fit Raymond prenant les mains de son fils, — sois homme... sois courageux... soit fort... — Tu aimes... — Je comprends trop bien ce sentiment pour te blâmer d'avoir laissé prendre ton cœur... — Moi aussi j'ai aimé... tendrement aimé... Pour la femme que j'aimais j'aurais donné ma vie, sans hésiter, et cette femme fut ta mère ; mais quand je la connus elle était libre, elle pouvait répondre à ma tendresse, aucun obstacle ne nous séparait, elle savait que notre mutuel amour devait aboutir au mariage, et nous marchions vers ce but le cœur rempli d'espérance et de foi... — Sais-tu seulement, toi, mon pauvre enfant, si la personne que tu aimes a le droit de t'aimer...

— Je le crois... je l'espère... — balbutia Paul.

— Mais sans en avoir la certitude?... — demanda Raymond.

— C'est vrai.

— Combien de fois lui as-tu parlé?

— Une seule fois...

— Et de cette seule entrevue, de cette unique causerie, dépend ton bonheur aujourd'hui?

— Oui, père...

— N'est-ce pas insensé?

— C'est insensé, j'en conviens, mais c'est ainsi....

— Tu n'as pas questionné cette jeune fille ou cette jeune femme afin d'apprendre de sa bouche qui elle était, si elle dépendait d'elle-même, si elle pouvait, sans être coupable, répondre à ton amour par un amour pareil?

— Non...

— Pourquoi?

— J'étais sous le charme... Je la regardais, je l'écoutais... Je ne songeais point à l'interrompre... Je n'aurais pas osé, d'ailleurs...

— Quel âge paraît-elle avoir?...

— Mon âge à peu près...

— Crois-tu qu'elle appartienne à une classe élevée de la société?...

— Je fais plus que le croire... j'en suis sûr... Ce

n'est pas douteux... la distinction, chez elle, égale la beauté.

— Où votre rencontre a-t-elle eu lieu?

— Ici-même...

— Ici? — répéta Fromental.

— Oui, père.

Et Paul, avec une émotion profonde, raconta ce que nous avons raconté nous-mêmes à nos lecteurs.

Quand ce récit fut achevé, Fromental demanda :

— Alors elle habitait la propriété qui se trouve là, en face de nous?

Paul fit, de la tête, un signe affirmatif.

— Mais, — reprit Raymond, — puisque tu n'ignorais point sa demeure, tu pouvais savoir qui elle était?...

— J'ai questionné... personne n'a pu me répondre...

— Cependant cette villa appartient à quelqu'un, et ce quelqu'un doit être connu?...

— Sans doute, mais il m'a été impossible, à moi, d'apprendre son nom. — Aujourd'hui la propriété est vide... et je ne sais rien... et cette ignorance me fait mourir à petit feu!

— Calme-toi, mon enfant... Tu as été maladroit, tout simplement... Il me suffira de quelques heures pour obtenir les renseignements qui doivent nous éclairer...

— Vous croyez, père? — demanda Paul vivement.

— Cela ne me paraît pas douteux.

— Alors! ces renseignements, obtenez-les donc tout de suite !

— Rien de plus facile... Cette propriété se trouve sans doute sur le territoire de Saint-Maur?

— Oui.

— Eh bien ! débarque-moi à proximité du chemin le plus court pour aller à Saint-Maur, et avant une heure je t'apporterai le mot de l'énigme qui trouble ta vie...

Paul détacha le bateau, saisit les rames et s'écria :

— Ah ! père, que vous êtes bon !

Et il fit descendre la Marne à l'embarcation jusqu'aux écluses du canal.

— Vous n'avez qu'à suivre le canal, père, — dit-il en abordant, — la propriété est seule sur la route, éloignée de toute autre habitation...

— A bientôt, mon enfant. — Retourne pêcher tranquillement. — A mon retour je te hélerai...

Et Raymond, sautant à terre avec l'agilité d'un jeune homme, se dirigea vers le canal.

— Réussira-t-il ? — murmura Paul en le regardant s'éloigner. — Pourra-t-il m'apporter un peu de calme et d'espérance ?...

Il remonta vers l'endroit d'où il était parti, et il se remit à pêcher; mais sa préoccupation trop grande ne lui permettait pas de s'occuper de sa ligne... — il ne prit absolument rien.

Raymond marchait vite.

Il arriva au bout du canal, sur la route de Gravelle à Saint-Maur, route infiniment peu fréquentée, s'arrêta devant la propriété dite : le *Petit-Castel*, et du dehors l'examina.

La grille et les portes bâtardes étaient hermétiquement closes.

— Il doit y avoir un concierge ou un jardinier, — pensa Fromental ; — on ne peut abandonner ainsi une maison qui paraît importante et soignée... Un tel abandon semblerait indiquer que les propriétaires sont partis sans esprit de retour... et encore la conclusion serait illogique, car dans ce cas ils désireraient vendre, et pour bien vendre il faut entretenir... — Nous allons voir...

Raymond s'approcha de la grille, saisit la chaîne qui mettait la cloche en branle, et l'agita.

La cloche retentit bruyamment à l'intérieur.

La tête baissée, l'oreille aux écoutes, le père de Paul attendit.

Le bruit s'éteignit au lointain. — Un grand silence s'établit.

— Personne, — murmura Raymond.

Il sonna de nouveau et il attendit encore, sans obtenir d'autre résultat que la première fois.

— Voilà qui est singulier ! — pensa-t-il. — Cependant la maison n'est point inhabitée depuis si longtemps que le prétend Paul, car voilà des traces qui n'ont certainement pas deux jours de date.

Tout en disant ce qui précède, il se penchait vers le sol et il examinait l'empreinte très nette qu'y avaient laissée les roues d'une voiture de maître.

— Les propriétaires de l'immeuble ne sont à coup sûr pas loin, — reprit Fromental, — ils habitent Paris, selon toute apparence, et ils ont dû venir ici hier ou avant-hier.

L'instinct du policier se mettait en chasse.

Le père de Paul continua :

— S'il y avait d'autres villas proches de celle-là, je pourrais du moins questionner... Mais pas de chance !... l'isolement est complet !... — Peu importe ! je saurai quand même... — Lorsque la villa est habitée on doit aller aux provisions soit à Saint-Maur, soit à Gravelle... C'est à Gravelle et à Saint-Maur que je vais me renseigner...

Raymond se remettait en marche dans la direction de Gravelle quand il aperçut, immobile au milieu de la route, un facteur rural qui l'examinait curieusement.

XLII

Fromental se dirigea vers cet homme et lui dit en le saluant :

— Auriez-vous la complaisance de m'apprendre si la maison que voilà est bien le *Petit-Castel ?...*

— Le *Petit-Castel*, oui monsieur, parfaitement... — répliqua l'employé des postes.

— Elle se trouve dans les limites de votre distribution ?

— Oui, monsieur.

— Vous pouvez alors me dire à qui elle appartient ?

— Quant à ça, non, monsieur... Elle a appartenu autrefois à un certain monsieur Lambinet qui l'a mise en vente en quittant le pays. — Les personnes qui l'ont achetée y sont à peine restées quinze jours, et sont parties, à ce qu'il paraît, pour un long voyage; du moins un entrepreneur de Joinville, qui a exécuté au *Petit-Castel* différents travaux, me l'a raconté...

— Et vous ignorez le nom de ces acheteurs ?...

— Oui, monsieur.

— Vous ne leur avez donc porté ni lettres ni journaux, pendant les quinze jours qu'ils ont passé ici?

— Ni une lettre, ni un journal. — Mais si vous désirez savoir comment s'appellent les propriétaires, ce sera facile.

— Indiquez-m'en le moyen.

— Adressez-vous soit au notaire qui a vendu la maison, soit à l'entrepreneur chargé des travaux.

— Où demeurent cet entrepreneur et ce notaire ?

— Tous les deux à vingt minutes d'ici, à Joinville. Mais, j'y pense, vous n'aurez pas besoin d'aller jusque-là... Vous trouverez à Saint-Maur, là, tout près, le jardinier Duprat auquel on s'adressait pour les renseignements... Sa maison fait le coin de la première rue à droite.

— Je vous remercie, mon ami... je vais aller chez M. Duprat... — Ah! une question encore...

— A votre disposition, monsieur...

— Vous m'avez dit, n'est-ce pas, que les nouveaux propriétaires avaient à peine habité la villa ?...

— Tout au plus quinze jours.

— Quand sont-ils partis ?

— Il y a huit ou dix jours à peu près.

— Merci.

Le facteur continua son chemin.

— Partis depuis huit ou dix jours, — murmura Raymond, — ce n'est pas possible... ou du moins ils y sont revenus depuis, car les empreintes de roues de l'autre côté de la route sont toutes récentes... — Il y a là un mystère à éclaircir. — Je l'éclaircirai...

Tout en se disant ce qui précède, le père de Paul prenait le chemin de Saint-Maur.

Il trouva sans peine la maison de Duprat.

Ce dernier était dans son jardin, cultivant ses fleurs et soignant ses fruits.

— Je viens, monsieur, — lui dit Fromental, — vous demander un renseignement qu'il vous sera, je crois, facile de me donner. — Vous avez été en rapports avec le nouveau propriétaire du *Petit-Castel*...

— Oui, monsieur...

— Ayez alors la complaisance de me donner son nom...

— C'est que ce nom, je ne le sais pas.

Raymond fit un geste de surprise.

— Ça vous étonne, — continua le jardinier, — et cependant rien n'est plus naturel... — L'acheteur est venu s'adresser à moi pour visiter la propriété qu'il désirait louer, car il a été locataire d'abord... — Je l'ai conduit, je lui ai fait visiter tout, et ensuite je lui ai donné l'adresse du notaire...— Vous conviendrez, monsieur, que je n'avais pas à m'occuper de son nom.

— C'est juste. — Le notaire habite Joinville, m'a-t-on dit...

— Oui, et il s'appelle Finet.

— Je vais le voir.

— Inutile de vous déranger aujourd'hui.

— Pourquoi ?

— Vous trouveriez l'étude fermée.

— Fermée !... Une étude !... Un jour de la semaine et un jour non férié !...

— C'est pour une circonstance tout à fait accidentelle... Le notaire Finet a la chance... je veux dire le chagrin... d'enterrer sa belle-mère aujourd'hui...

— Vous m'évitez une course inutile, monsieur... — Je vous remercie...

— De rien... et tout à votre service au besoin.

Raymond sortit du jardin la tête basse, très désappointé, se mettant l'imagination à la torture pour trouver le moyen d'obtenir, sans attendre au lendemain, le renseignement qu'il voulait avoir.

Il reprenait à pas lents la route suivie pour venir, quand son nom prononcé tout près de lui le fit tressaillir.

Brusquement il releva la tête et ses yeux se fixèrent sur un homme qui se dirigeait vers lui.

En reconnaissant cet homme il devint pâle.

— Vous ici !... — s'écria-t-il. — Est-ce que par hasard c'est moi que vous cherchez ?

— Précisément. — Je descends du chemin de fer et j'allais vous demander à Port-Créteil.

— Vous venez de la part du chef ?

— Oui...

— Vous avez quelque chose à me dire ?

— J'ai une lettre à vous remetre en mains propres.

Tout en tirant de sa poche son portefeuille et en l'ouvrant, l'homme ajouta :

— Je suis allé d'abord chez vous, dans l'île Saint-Louis... Votre concierge m'a montré la note écrite que vous lui avez laissée ce matin... — Alors j'ai filé pour vous rejoindre et j'allais m'informer de la route à suivre quand, fort heureusement, je vous ai rencontré... — Voici la lettre du chef...

Fromental prit l'enveloppe fermée qu'on lui présentait, l'ouvrit d'une main tremblante et lut à demi-voix :

Aussitôt cette lettre en vos mains, venez à mon cabinet. Urgence !

LE CHEF DE LA SURETÉ.

— Ainsi donc il faut que je me rende à l'instant même à la préfecture ? — murmura Raymond.

— J'ai l'ordre de vous attendre et de vous ramener.

— Que se passe-t-il donc là-bas ?

— Je n'en sais rien... — J'arrivais déposer mon rapport... — Le chef me demandait... — Il m'a tout de suite dépêché près de vous... — Entre nous, il avait sa figure des mauvais jours... — Je crois qu'il serait maladroit de le faire attendre...

— Il faut cependant que je prenne le temps de prévenir mon fils et de déjeuner...

— Dame ! je serais censé vous avoir déniché trois quarts d'heure plus tard, voilà tout, et ça se trouvera d'autant mieux que moi non plus je n'ai pas déjeuné, et que si vous voulez me le permettre je casserai une croûte avec vous.

Raymond acquiesça de la tête.

Il était devenu très sombre.

Ainsi donc il lui fallait s'éloigner de Paul juste au moment où il venait de lui dire que pendant une quinzaine de jours il ne le quitterait pas !

Le jeune homme allait, sans le moindre doute, trouver ce départ étrange, plus qu'étrange, incompréhensible.

Un grand travail se ferait à coup sûr dans son imagination... — De ce travail, quel serait le résultat ?

On réclamait la présence immédiate de Fromental à la préfecture...

Pourquoi ?

Il se passait certainement à Paris quelque chose de très grave et la nécessité de reprendre le collier de misère allait s'imposer.

Que faire ?

A cette question il n'y avait qu'une réponse : — *Obéir !*

Les deux hommes se trouvaient en ce moment devant la boutique d'un marchand de vin.

Raymond s'arrêta.

— Entrez là... — dit-il à l'agent qui se nommait Vernier. — Faites préparer le meilleur déjeuner possible... Dans vingt minutes au plus je viendrai vous rejoindre.

— Entendu... — répliqua Vernier. — Mais dépêchez-vous... — Je vous répète que le chef ne serait point du tout commode aujourd'hui... même pour vous qui êtes son Benjamin...

Fromental, hâtant le pas, presque courant, se mit en devoir de rejoindre son fils dont l'impatience était grande.

Plus d'une heure s'était écoulée, et son père ne revenait point !

Arrivé près de la borne où il était descendu, Raymond se fit un porte-voix avec ses deux mains et il héla Paul.

Celui-ci lâcha ses lignes, démarra la barque, prit les avirons, et en quelques minutes franchit la distance qui le séparait de l'embarcadère improvisé.

En voyant le visage assombri de Raymond, le jeune homme sentit un frisson d'angoisse courir sur sa chair.

— Tu as une mauvaise nouvelle à m'annoncer, n'est-ce pas ? — demanda-t-il d'une voix étranglée.

— Mauvaise nouvelle en effet, oui... — répondit Fromental en sautant dans l'embarcation...

— Vas-tu me dire qu'ELLE est perdue ? — Que je ne LA reverrai jamais ?

— Ce n'est point d'ELLE qu'il s'agit, mon cher enfant... je n'ai rien à t'apprendre à son sujet, n'ayant pas terminé l'enquête commencée et qui donnera certainement un résultat...

— Père, pourquoi donc l'as-tu interrompue, cette enquête ?

— Il y a eu cas de force majeure... — J'ai rencontré non loin de la gare un employé du ministère envoyé par le chef de division pour me ramener en toute hâte...

— Tu vas donc me quitter ?

— A l'instant même... — conduis-moi au remisage de ton bateau...

Paul vira de bord et mania les avirons avec une violence fébrile.

— Ainsi, murmura-t-il, tu pars ?

— J'obéis à mes chefs.

— S'agit-il d'un voyage ?

— Je l'ignore... — Je ne sais rien, sinon qu'on me mande... — A Paris seulement j'apprendrai pourquoi...

— Personne ne t'a parlé de Marthe ?... des habitants du *Petit-Castel* ?

— Ils sont partis depuis huit ou dix jours, m'a-t-on affirmé...

— Où sont-ils allés ?

— On n'a pu me renseigner sur ce point.

— T'a-t-on dit au moins comment ils s'appellent ?

— On ne le sait pas... mais j'aurais pu le savoir demain...

— Et tu pars! — fit Paul avec découragement.

— Je pars en effet, cher enfant, mais rien ne prouve que mon absence doive être longue... — Peut-être reviendrai-je ce soir. — Dans ce cas je continuerai demain les démarches commencées aujourd'hui... — Sois tranquille et compte sur moi !...

— Je t'ai promis, je tiendrai ma parole... si ce n'est demain, ce sera un peu plus tard... Ce sera dans quelques jours... — Tu es jeune... tu as devant toi un long avenir... Tu peux attendre un peu sans te désespérer... — Prends courage !... Dis-toi que ton bonheur est certain s'il dépend de moi, dussais-je pour l'assurer faire le sacrifice de ma vie !...

Paul avait baissé la tête et continuait à ramer vigoureusement.

Après un moment de silence, il reprit :

— Qu'est devenu l'employé du ministère qui venait te chercher ?

— Il est reparti sur-le-champ pour annoncer à mes chefs qu'il m'avait trouvé et que j'allais me rendre à leurs ordres...

— Alors, tu ne déjeunes pas avec moi ?

— Non. — Je vais dire un mot à Madeleine et me remettre immédiatement en route...

— Espères-tu réellement revenir ce soir ?

— Je l'espère, oui... — Si quelque chose me retenait malgré moi, tu le saurais...

— Comment ?

— Je t'enverrais une dépêche...

— Où penses-tu trouver des renseignements sur les habitants du *Petit-Castel ?* — demanda Paul d'une voix hésitante.

— Chez le notaire qui a vendu la propriété.

— Où demeure-t-il ?

— A Joinville-le-Pont.

— Ne pourrais-je aller le voir ?

— Ne sois pas trop impatient... Laisse-moi faire moi-même les démarches... Cela vaudra mieux...

On venait d'aborder.

Le jeune homme amarra le bateau au poteau de la berge, et suivit son père qui prenait le chemin de leur maisonnette.

— C'est bien étrange ! — pensait-il en marchant silencieusement. Mon père qui se croyait libre pour quelques jours et que tout à coup on rappelle... — On vient le chercher jusqu'ici ! — Que signifie cela ? Il se passe autour de moi je ne sais quoi de mystérieux, d'incompréhensible, qui m'inquiète et qui me fait peur...

On atteignit le jardinet où Madeleine cueillait des légumes pour le dîner.

— Déjà de retour ! — s'écria t-elle. — Et sans friture... Moi qui comptais sur une friture ! Je vous avertis, mes chers maîtres, que le déjeuner n'est pas encore prêt.

— Je ne déjeune pas, ma bonne Madeleine, — dit Raymond.

— Ah bah ! et pourquoi donc ça ?

— Je pars.

— Vous partez ! — répéta la vieille servante en levant les mains et les yeux vers le plafond.

— Oui.

Et Fromental recommença pour Madeleine le récit qu'il venait de faire à Paul.

La fidèle domestique connaissait toute l'existence de son maître.

Elle comprit, et échangea avec lui un regard profondément triste.

Raymond endossa son pardessus et mit son chapeau. — Il était prêt.

— Père, — lui dit Paul en ce moment, — je ne sais pourquoi ce départ précipité me tourmente... Il fait plus que me tourmenter, il m'effraye... Je ne veux pas te quitter... Emmène-moi...

Fromental tressaillit et un mouvement nerveux contracta ses traits.

— Cher enfant, — répliqua-t-il, — tu es dans une disposition d'esprit qui te pousse à l'exagération en toute chose !... — Sois donc raisonnable et ne te tourmente point sans motifs ! — Je te le répète, j'espère bien revenir ce soir... — Dans le cas contraire, et si je suis obligé de faire un voyage, je refuse absolument de t'emmener... — Pourquoi cette inquiétude pour la première fois ?... Mes absences n'ont rien d'anormal. — Elles se renouvellent régulièrement depuis plusieurs années... elles résultent de mes fonctions mêmes au ministère. — Rassure-toi donc et songe que M. Fabien de Chatelux sera ton hôte dans quelques heures et que tu dois être là

pour le recevoir. — Reste ici avec Madeleine... je t'enverrai ce soir une dépêche si je ne reviens pas....
— Tu le vois, je suis calme, je suis joyeux, malgré mon ennui de te quitter... Sois calme et joyeux comme moi... Le bonheur est souvent plus près qu'on ne pense!... — Courage, confiance, et embrasse-moi !...

XLIII

Paul se jeta dans les bras de son père.

— Maintenant, — lui dit Raymond, — déjeune de bon appétit et va pêcher une friture sérieuse... — Ton ami Fabien dînera ce soir avec toi, il s'agit de le bien traiter... — Surtout point de visage lugubre ! Tu dois distraire ton hôte et non pas l'attrister... — A bientôt, mon enfant ! à bientôt !

Fromental mit un nouveau baiser sur le front de de son fils, serra la main de Madeleine, partit, l'âme envahie par des préoccupations de mauvais augure, appela le passeur du restaurant de l'île pour traverser la Marne, et rejoignit Vernier qui l'attendait avec impatience.

Que s'était-il passé à la préfecture pour changer brusquement les idées du chef de la Sûreté et pour motiver le rappel immédiat de Raymond Fromental, auquel un congé avait été accordé la veille ?

Raymond se posait cette question à laquelle il ne pouvait répondre. Il avait beau chercher, l'énigme était insoluble.

Nous allons en donner le mot à nos lecteurs.

En sortant du cabinet du préfet de police, où avait été prise la résolution de tenir momentanément secrète la sinistre découverte des deux cadavres au bois de Boulogne, le chef de la Sûreté s'était rendu à la Morgue et il avait eu un entretien particulier avec le greffier.

Immédiatement après son départ, le corps d'Amédée Duvernay et celui de Virginie avaient été enlevés de l'amphithéâtre et transportés dans la salle d'exposition.

A peine se trouvaient-ils depuis dix minutes étendus sur les dalles funèbres quand un jeune homme de vingt à vingt-deux ans, amené par la curiosité et passant derrière le vitrage qui coupe la salle en deux parties, l'une appartenant aux cadavres et l'autre au public, poussa une exclamation de surprise et de frayeur.

Les quelques curieux qui se trouvaient là l'entourèrent aussitôt.

— Connaîtriez-vous ces malheureux, ou du moins l'un d'eux ? — lui demanda-t-on.

— Ah ! je vous crois que je les connais ! — répondit-il d'une voix brisée par l'émotion. — Je les connais même l'un et l'autre... — Pas plus tard qu'avant-hier au soir j'ai pris un apéritif avec le jeune homme, mon camarade. — Quant à la jeune fille que vous voyez à côté de lui, elle était sa maîtresse, mais pour le bon motif... ils devaient s'épouser, sitôt majeurs...

— Il faut faire votre déclaration bien vite ! — s'écria l'un des auditeurs.

— Vous croyez ?

— Mais certainement ! — Si ces malheureux sont exposés là, c'est qu'on n'a trouvé sur eux aucun papier ni aucun indice qui permette de constater leur identité... — On ne sait qui ils sont et ils courent risque de ne pas être reconnus... — Vous rendrez donc un grand service à la police ainsi qu'aux parents...

— C'est ma foi vrai... — fit le jeune homme qui n'est pas absolument une nouvelle connaissance pour nos lecteurs ; nous l'avons vu, en effet, attablé à la *terrasse* d'un marchand de vin de Belleville avec Amédée Duvernay au moment où celui-ci revenait de travailler à Belleville et où Pascal Saunier le surveillait.

Il alla résolument frapper à la porte du greffe de la Morgue.

Un employé entr'ouvrit cette porte et demanda :

— Que voulez-vous ?

— Je viens faire une déclaration.

— Vous avez reconnu quelqu'un ?

— J'ai reconnu deux des personnes qui sont exposées là...

— Entrez, — dit l'employé en ouvrant tout à fait la porte dont le jeune homme franchit le seuil ; puis il ajouta en s'adressant au greffier qui venait de sortir de son bureau : — Il s'agit de reconnaissance de gens exposés...

— Vous avez reconnu un des cadavres ? — fit à son tour le greffier.

— Deux, monsieur ! deux !

— Lesquels ?

— Le jeune homme et la jeune femme placés côte à côte.

— Vous êtes certain de ne pas vous tromper ?

— Oui.

— Suivez-moi donc. — Je vais recevoir votre déclaration.

Le greffier introduisit dans son bureau le camarade de feu Amédée Duvernay et frappa sur un timbre.

Un employé parut.

Après avoir écrit rapidement quelques lignes sur une feuille de papier qu'il mit sous enveloppe, il dit à l'employé :

— Courez à la préfecture et remettez ce pli au chef de la Sûreté... Très urgent, pas une minute à perdre...

La lettre contenait ces mots :

« Monsieur le chef de la Sûreté,

» On reconnaît à l'instant même les deux corps trouvés ce matin au bois de Boulogne.

» Selon vos ordres, je garde à votre disposition la personne qui peut vous fournir des renseignements utiles.

» Respectueusement,

» LE GREFFIER DE LA MORGUE. »

L'employé parti, le greffier prit une grande feuille de papier sur laquelle les formules des questions se trouvaient imprimées et où des espaces blancs étaient réservés pour les réponses, et l'étendit devant lui.

Ensuite, trempant sa plume dans l'encre, il demanda :

— Votre nom ?

— Jacques-Victor Bertrand...

Le greffier écrivit et poursuivit

— Votre âge ?

— Vingt et un ans.

— Votre demeure ?

— Rue des Partants, n° 23, à Belleville.
— Votre état ?
— Ouvrier tapissier.
— Vous connaissiez les deux personnes exposées ?
— Oui, monsieur.
— Le nom du jeune homme ?
— Amédée Duvernay.
— Son âge ?
— Dix-neuf ans.
— Son état ?
— Le même que le mien... — ouvrier tapissier.
— Son adresse ?
— Rue Julien-Lacroix, n° 19, à Belleville.
— Chez ses parents
— Non, monsieur ; en ménage avec la jeune personne étendue sur la dalle qui touche à la sienne.
— Ah! cette personne était sa maîtresse ?
— Oui, monsieur... en tout bien, tout honneur... Ils devaient se marier...
— Savez-vous son nom ?
— On l'appelait la belle Virginie.
— Vous ne connaissez pas son nom de famille ?
— Non, monsieur.
— Les domiciles des deux familles vous sont-ils connus ?
— Quant à ça, nullement... Peut-être bien que rue Julien-Lacroix on pourrait avoir les adresses...

13.

— Pardon, monsieur, — ajouta Jacques Bertrand, — auriez-vous la bonté de me dire si ce malheureux Duvernay et cette pauvre Virginie ont été victimes d'un accident ?

— En aucune façon... — répondit le greffier, — le jeune homme a été trouvé ce matin pendu à un arbre du bois de Boulogne, et la jeune femme que vous appelez Virginie a été relevée non loin de là...

— Sa mort paraît devoir être attribuée à une congestion...

— Pendu ! — s'écria Bertrand avec terreur, — Amédée s'était pendu !! — Ah ça ! mais, pourquoi ça ?...

— A cette question, je serais fort en peine de répondre et vous devez savoir mieux que moi s'il avait des chagrins...

En ce moment trois personnes entrèrent dans le bureau.

Le greffier se leva en saluant le premier des nouveaux venus, qui n'était autre que le chef de la Sûreté, accompagné de deux agents.

— C'est monsieur qui reconnaît les personnes exposées ? — demanda-t-il en désignant le camarade d'Amédée.

— Oui, monsieur et, en vous attendant, j'ai commencé à recevoir la déclaration... Voulez-vous en prendre connaissance ?

— Certes.

Le chef de la Sûreté lut avec attention l'interrogatoire auquel nous venons d'assister.

— C'est bien... — dit-il en le rendant au greffier. — Pour continuer l'information, nous attendrons l'arrivée d'une personne que je viens d'envoyer chercher. — Je prierai monsieur Bertrand de vouloir bien rester à ma disposition jusqu'à l'arrivée de personne.

— C'est que je n'ai pas déjeuné, monsieur, — objecta le jeune homme, — et j'ai grand appétit...

— Dieu me garde de vous imposer le supplice de la famine, mon cher monsieur, — fit le chef de la Sûreté en riant... — l'un de ces messieurs va vous accompagner... — Vous déjeunerez à la crémerie la plus proche ; il y déjeunera en même temps que vous et vous reviendrez ensemble...

— Si je ne vais pas à l'atelier, je perdrai ma journée...

— On vous en tiendra compte...

Bertrand n'avait qu'à obéir.

Il sortit accompagné de l'un des agents désignés par le chef de la Sûreté.

— Maintenant, — reprit ce dernier en s'adressant au greffier, — faites, je vous prie, reporter à l'amphithéâtre les deux corps reconnus... — Je vais envoyer à la demeure d'Amédée Duvernay chercher les adresses des familles, et si on peut les avoir j'inviterai les familles à se rendre ici... Veuillez écrire le nom d'*Amédée Duvernay* et le *numéro* de la *rue Julien-Lacroix*.

Le greffier traça les indications demandées sur un carré de papier que le chef remit à celui des agents qui se trouvait là et qui partit après avoir reçu de courtes instructions verbales.

Resté seul avec le greffier, le chef de la Sûreté lui dit :

— Vous savez ce qui a été convenu entre nous... — On ne parlera point, jusqu'à nouvel ordre, du double crime dont Amédée Duvernay et Virginie ont été les victimes. — Ayez donc soin que les garçons d'amphithéâtre dissimulent de leur mieux les traces qui peuvent révéler les mystérieux assassinats.

— Ce sera fait, mais les familles vont réclamer les corps et les faire transporter à leurs domiciles pour les inhumations... Elles en ont le droit.

— Sans doute, mais il sera possible et facile de tourner la difficulté. Vous répondrez aux parents que, par suite de formalités administratives, les corps seront mis en bière à la Morgue et transportés aux domiciles indiqués le jour de la cérémonie funèbre... Il importe qu'aucun soupçon ne puisse naître.

— Vos recommandations seront religieusement suivies...

— J'y compte, et je retourne à la préfecture. — J'attends un agent qui possède toute ma confiance et qui, selon mon désir, doit assister à la reconnaissance du corps par les parents, et à l'interrogatoire que je ferai subir à ceux-ci. — Jusqu'à mon retour laissez toutes choses dans le *Statu quo*... — Quand Bertrand reviendra, ayant déjeuné, priez-le donc de prendre patience...

— Monsieur le chef de la Sûreté peut être tranquille.

*
* *

Maintenant que tout est expliqué à la satisfaction de nos lecteurs, — nous l'espérons du moins, — rejoignons Raymond et Vernier.

Ils avaient déjeuné à la hâte et ensuite pris le chemin de fer, puis une voiture.

A une heure, ils entraient dans le cabinet du chef de la Sûreté.

— Je vous attendais avec la fièvre ! — dit ce dernier à Raymond. — N'étiez-vous donc pas chez vous ?

— Non, monsieur... profitant du congé que vous aviez bien voulu m'accorder, j'étais allé conduire mon fils à Port-Créteil, et c'est là que m'a trouvé Vernier...

— Je vous sais gré de vous être rendu immédiatement à mon appel...

— Je n'ai fait que mon devoir, monsieur...

— C'est vrai, mais vous l'avez fait sans marchander, à cela vous avez du mérite... — Avant-hier, mon cher Raymond, je vous ai donné un congé... — Aujourd'hui encore je suis obligé de vous le reprendre...

— Je m'en doutais, monsieur... je l'avais deviné, — murmura Fromental avec abattement. — Depuis longtemps déjà, vous le savez, j'ai l'habitude des déceptions... — En fait d'espoir trompé, rien ne peut plus m'étonner, je vous le jure...

— J'aurais donné beaucoup pour vous épargner cette déception.

— Était-ce donc impossible ?

— Oui. — Une chose grave se produisait.

— Une chose grave ?... — répéta Raymond. — Laquelle ?

— Vous vous souvenez qu'après examen du corps de Fauvel retrouvé dans la Seine, nous avons tous conclu à un crime commis par ses complices, les voleurs de livres, qui, craignant d'être dénoncés par lui, l'avaient supprimé...

— Sans doute...

— Eh bien, nous nous étions fourvoyés...

— Le croyez-vous, monsieur ?

— Je fais mieux que le croire... — j'en ai la preuve, et cette preuve m'est fournie par les cadavres de deux infortunés morts de la même manière que Fauvel... frappés par la même main qui a frappé Fauvel !...

— Que m'apprenez-vous là, monsieur ? — s'écria Raymond stupéfait.

— La vérité, et vous pourrez vous en rendre compte tout à l'heure par vos propres yeux... Avant tout, prenez connaissance de ce rapport du commissaire de police de Neuilly.

Et le chef de la Sûreté mit le rapport en question sous les yeux de Raymond qui le lut avec une attention facile à comprendre.

— Mais, — fit-il quand il eut terminé sa lecture, — je vois dans ce procès-verbal qu'il est question d'un suicide et d'une mort naturelle... — L'homme se serait pendu... la femme aurait succombé à une congestion...

— Le procès-verbal du commissaire dit cela, oui. — Mais jetez les yeux maintenant sur celui du médecin légiste expert de la Morgue où les cadavres ont été déposés...

Raymond dévora le procès-verbal.

— C'est effrayant cela !! — s'écria-t-il ensuite.

— Vous le comprenez, n'est-ce pas?... et vous comprenez en même temps que la préfecture de police serait déshonorée, digne de tous les mépris, de toutes les flétrissures, si nous ne mettions fin à ces meurtres qui menacent la sécurité de Paris tout entier! — Si nous n'arrêtions ces assassins, ou plutôt ces monstres à face humaine! — Si nous ne pénétrions point les ténèbres où ils se cachent, je n'aurais plus qu'à donner ma démission de chef de la Sûreté! — Vous le comprenez aussi, je pense?

— Oui, monsieur, je le comprends, — répondit tristement Fromental. — Et vous me faites l'honneur de me choisir pour me lancer à la recherche de ces misérables?

— C'est vrai.

— Je m'incline, monsieur... — Cette fois encore je ferai mon devoir... — Commandez, je suis prêt.

XLIV

Le chef de la Sûreté serra la main de Fromental et reprit :

— Les cadavres ont été reconnus. — Nous allons interroger le jeune homme qui a révélé leur identité, et aussi les parents des deux victimes. — Je veux que vous assistiez à ces interrogatoires, ce qui vous permettra d'agir sur des données précises.

— Je vous le répète, monsieur, je suis prêt, — répondit Raymond, très pâle, d'une voix sourde et comme brisée...

— Songez que le secret le plus absolu doit entourer cette affaire... — Or, pour obtenir ce résultat, il faut que vous agissiez seul ! — Seul vous ferez toutes les recherches...

— J'agirai seul, monsieur, puisqu'il le faut.

— Venez donc...

Raymond suivit le chef de la Sûreté, et tous deux montèrent dans une voiture qui les conduisit à la Morgue en quelques minutes.

— Les parents sont-ils là ? — demanda le chef au greffier.

— Oui, monsieur.

— Ils n'ont point vu les cadavres ?

— Non, mais il m'a été impossible de ne pas répondre à quelques-unes de leurs questions pressantes.

— Que voulaient-ils savoir ?

— Tout d'abord le motif de leur présence ici...

— Qu'avez-vous répondu ?

— Qu'il s'agissait de reconnaître des corps ; mais j'ai parlé d'un suicide et d'une mort naturelle, selon les conclusions du procès-verbal du commissaire de Neuilly.

— Vous avez bien fait. — Nous allons entrer à l'amphithéâtre... — Vous y introduirez le jeune Bertrand et les membres des deux familles...

— Bien, monsieur...

— Avant tout, donnez connaissance à M. Fromental du procès-verbal commencé ici...

Le greffier mit la pièce indiquée sous les yeux de Raymond qui la lut rapidement.

— Duvernay !... — s'écria-t-il tout à coup, —

Amédée Duvernay! mais je connais ce nom… — Il appartient à un jeune homme de dix-neuf ans environ, faisant partie des six enfants nés le 10 mars 1860 et qui devaient être inscrits sur le testament du comte de Thonnerieux… testament volé…

— Ah! — s'écria le chef de la Sûreté, — il y a peut-être là une piste à suivre… — Il serait curieux que le crime d'hier nous mît sur les traces du voleur de testament! — Vous avez lu jusqu'au bout?

— Oui, monsieur.

— C'est bien. — Entrons à l'amphithéâtre.

Le corps d'Amédée Duvernay et celui de Virginie avaient été revêtus des habits qu'ils portaient la veille.

Autour du cou de chacun d'eux on avait attaché un mouchoir pour cacher l'incision faite à l'artère carotide par le scalpel de Jacques Lagarde.

Cinq ou six secondes s'écoulèrent, puis une porte s'ouvrit; deux femmes et deux hommes pénétrèrent à leur tour dans la salle funèbre.

C'étaient le père et la mère d'Amédée Duvernay, la mère de Virginie, et Bertrand, le camarade d'Amédée.

Les deux femmes, aussitôt après avoir franchi le seuil, jetèrent les yeux sur la table de marbre où les deux amants reposaient côte à côte : un double cri déchirant s'échappa de leurs lèvres, et chacune d'elles alla tomber à genoux auprès de l'un des cadavres.

Le père d'Amédée s'approcha lentement du corps de son fils et prit sa main glacée, tandis que de grosses larmes tombaient une à une de ses yeux.

Les femmes sanglotaient en poussant des plaintes inarticulées et de sourds gémissements.

Pendant quelques minutes ce fut une scène navrante de désespoir maternel, scène facile à comprendre, mais impossible à décrire...

Le chef de la Sûreté respecta d'abord cette douleur immense, — il éprouvait lui-même une émotion profonde et ses paupières devenaient humides, mais le devoir à remplir s'imposait; aussi, profitant d'une sorte d'accalmie dans les gémissements et les plaintes, il prit la parole,

— Ainsi, — demanda-t-il, — vous reconnaissez ces pauvres enfants?

L'effet de cette question fut de donner une intensité nouvelle aux sanglots des deux femmes.

Seul, le père d'Amédée répondit d'une voix très basse et sans intonations :

— Oui, monsieur... Celui-ci est mon fils...

— Et cette jeune femme?...

— C'est celle qu'il aimait... qu'il voulait épouser... J'ai dit que je les trouvais trop jeunes... — Qu'il fallait attendre... — J'aurais peut-être mieux fait de consentir tout de suite au mariage... Peut-être qu'ils vivraient encore si j'avais consenti...

— C'est bien votre fille, madame? — reprit le chef de la Sûreté en s'adressant à la mère de Virginie qui balbutia en se tordant les mains :

— Oui, monsieur... C'est ma fille... c'est mon enfant... je ne l'entendrai plus me parler... Elle ne m'embrassera plus... plus jamais!... Morte!... elle est morte!

— Je comprends votre douleur, madame, elle est légitime... Armez-vous de courage cependant... On ne peut rien contre l'irréparable.

— Du courage, monsieur!... Comment voulez-vous que j'aie du courage... Elle était si jeune, ma pauvre Virginie... et la voilà morte... — Est-ce que vous croyez qu'une mère peut s'habituer à cette idée-là?

— Votre fille vivait avec Amédée Duvernay?

— Oui, monsieur... Mais j'ai ma conscience pour moi, j'ai tout fait pour l'en empêcher... Que voulez-vous, quand on est jeune et quand on s'aime, on n'écoute pas les bons conseils. Ils s'aimaient, ils devaient se marier quand Amédée serait majeur... Alors ils ont fait la sottise de se mettre trop tôt en ménage.

— Vous les voyiez souvent ?

— Quelquefois, oui, monsieur. Quand on est mère

on est faible, n'est-ce pas?... — Mais depuis longtemps déjà M. Duvernay était fâché avec Amédée et ne le voyait plus.

— Est-ce vrai ? — demanda le chef de la Sûreté au vieillard.

— C'est vrai, monsieur... — J'avais fait des remontrances à mon fils, justement à cause de ce mariage que je n'approuvais pas... — pour le moment du moins... — Le pauvre enfant avait le caractère violent, emporté!... il ne supportait point la contradiction... il fallait que tout cédât devant lui... — Moi, je croyais agir pour son bien ; il ne l'a pas compris et il nous a quittés, sa mère et moi, pour aller vivre de son côté.

— Il ne s'est donc séparé de vous que parce que vous vous opposiez à son mariage immédiat?

— Oui, monsieur... sans cela il serait resté, bien sûr... — Je n'avais point de reproche à lui faire... — Il était travailleur... Virginie aussi, du reste... Ils devaient mettre de l'argent de côté.

— On a trouvé sur votre fils, en effet, une somme assez ronde... ainsi que sur mademoiselle Virginie...

— Ah! Ils étaient laborieux et économes autant l'un que l'autre, monsieur! — s'écria la mère de la morte, — ils ne dépensaient pas tout ce qu'ils gagnaient, et pourtant Amédée me disait souvent qu'ils n'avaient pas besoin de faire des économies, puisqu'il devait être riche un jour, par suite d'un héritage...

— Un héritage? — répéta le chef de la Sûreté en jetant un coup d'œil à Fromental.

Ce fut le père Duvernay qui répondit :

— Oui, monsieur.

— D'où cet héritage devait-il arriver?...

— C'est toute une histoire, monsieur... — Amédée était venu au monde le même jour que la fille d'un homme très riche et très charitable, M. le comte de Thonnerieux... Or, M. de Thonnerieux devait lui donner une grosse somme à son époque de majorité, ainsi qu'à d'autres enfants nés le même jour. Il doit même avoir à son cou, dans une enveloppe de drap, une médaille d'or soutenue par un cordon et portant des dates et des mots... — Cette médaille, le comte nous l'avait donnée il y a dix-neuf ans, avec l'injonction qu'Amédée la garderait toujours sur lui.

— Ça devait être comme qui dirait un signe de reconnaissance.

Le chef de la Sûreté échangea de nouveau un rapide coup d'œil avec Raymond Fromental.

Ce dernier, se rappelant la teneur du procès-verbal du commissaire de Neuilly, intervint :

— On n'a trouvé aucune médaille au cou de votre fils Amédée, — dit-il, — le procès-verbal en fait foi.

— Je le crois, car elle devait être au cou de Virginie, — appuya la mère de la jeune fille. — Amédée, qui se savait querelleur, avait peur de la perdre dans quelque *batterie*, et il la lui faisait porter constamment.

— Pas plus de médaille au cou de la jeune fille qu'à celui du jeune homme... — répliqua Raymond.

— Cela m'étonne... Ma pauvre enfant ne s'en séparait jamais...

— Il est vraisemblable cependant qu'elle s'en était séparée hier. — Nous pourrons nous en assurer d'ailleurs en opérant des recherches dans le logement qu'Amédée Duvernay partageait avec votre fille.

— Mais enfin, monsieur, comment est-il mort, mon pauvre enfant? — demanda le père Duvernay. — On m'a dit ici qu'il s'était pendu... pendu de sa propre main... — Est-ce que c'est vrai?

— Hélas! oui. — On l'a trouvé ce matin accroché à une branche d'arbre dans le bois de Boulogne.

— Mais pourquoi s'est-il détruit?

— Voilà une question à laquelle il m'est impossible de répondre...

— Peut-être Virginie est-elle morte la première, — reprit le vieillard. — En la voyant sans vie le désespoir l'aura pris et il aura fait sa propre fin...

— Peut-être, en effet... — dit le chef de la sûreté,

puis il ajouta : — Vous qui les voyiez quelquefois, madame, les aviez-vous vus peu de jours avant la catastrophe ?

— Il y a trois jours, monsieur, j'ai dîné avec eux rue Julien-Lacroix.

— Paraissaient-ils avoir une préoccupation, un chagrin ?

— Oh! quant à ce qui est de ça, non, monsieur.. — Ils étaient aussi gais l'un que l'autre... gais comme des pinsons...

— Savez-vous ce qu'ils ont fait, ou au moins ce qu'ils comptaient faire dans la journée d'hier?

— Je n'en sais rien, monsieur... ils ne m'ont point parlé de cela...

Le jeune Bertrand s'avança.

— Je pourrais peut-être vous donner des renseignements à ce sujet-là, moi, monsieur... — dit il !

— Vous !... s'écria le chef.

— Oui, monsieur.

— Apprenez-nous donc ce que vous savez...

— Voici : — Avant-hier au soir, vers sept heures, j'ai rencontré mon malheureux camarade comme il revenait de Saint-Denis où il travaillait pour son patron... — Nous avons pris ensemble un vermoût... Amédée était très en train, très rigolo. — Il ne resta pas longtemps avec moi, car Virginie l'attendait pour aller au concert de l'Alhambra, rue du Faubourg-du-Temple, et il me dit que comme il avait abattu en quarante-huit heures la besogne de trois jours, il se baladerait le lendemain, — qui était hier jeudi, — il mènerait Virginie passer la journée à la campagne — (elle adorait la campagne plus que tout, la pauvre Virginie!), — et qu'ils partiraient dès le matin...

— Où devaient-ils aller?

— Ça n'était pas encore fixé, mais il parlait d'aller loin... du côté de Corbeil, je crois...

— Amédée Duvernay avait-il des amis intimes?...

— Je ne lui en connaissais point... il était pas mal sauvage et ne sortait guère qu'avec Virginie...

— Quoi! pas même des camarades?

— Des camarades d'atelier, quelques-uns... — On se disait *bonjour*, *bonsoir*, voilà tout... ça ne tirait point à conséquence...

— Recevait-il des étrangers chez lui?

— Je n'en sais rien... — Je ne suis allé le voir qu'une fois...

— Je sais bien, moi, qu'ils ne recevaient personne... — interrompit la mère de la jeune morte. — Amédée ne se plaisait qu'avec sa future, car il regardait Virginie comme sa future. — Je lui ai entendu dire bien souvent en riant : — *J'aime pas les gêneurs !*

— Savez-vous s'il s'était trouvé en rapport quelconque avec un individu du nom de Fauvel?...

— Non, monsieur. — Jamais il n'a prononcé ce nom devant moi.

— Mais pourquoi toutes ces questions, monsieur? — balbutia le père d'Amédée. — Est-ce que vous croyez que quelqu'un serait cause du malheur arrivé à ces enfants?

— Les constatations faites nous démontrent surabondemment que votre fils s'est suicidé, — répliqua le chef de la Sûreté. — Si nous vous interrogeons, c'est pour arriver à découvrir les causes de ce suicide, inexplicable jusqu'à ce moment.

— Est-ce que nous n'allons pas pouvoir faire enlever ces pauvres morts? — demanda madame Duvernay.

— On va vous donner de quoi faire les déclarations légales à la mairie de l'arrondissement qu'ils habitaient... — répondit évasivement le chef. — Vous prendrez l'heure des convois et vous viendrez nous prévenir... — Les corps mis en bière ici, par nos soins, seront conduits à domicile à l'heure indiquée par la mairie... Vous les accompagnerez...

Ces paroles furent accueillies par de nouveaux sanglots.

— N'a-t-on pas trouvé sur un de ces jeunes gens la clef de leur logement? — dit Fromental au greffier de la Morgue.

— Le procès-verbal ne fait mention que des porte-monnaie, et des bijoux de la morte.

Raymond, se penchant à l'oreille du greffier, reprit à voix basse :

— Qu'avez-vous fait de la corde trouvée au cou de ce malheureux?

— Elle est dans un tiroir de mon bureau.

— Je vous prierai de me la remettre tout à l'heure...

Les parents n'avaient plus qu'à se retirer, puisqu'ils avaient accepté la raison donnée par le chef de la Sûreté, et à vrai dire ils ne pouvaient faire autrement ; — mais la scène des adieux fut navrante, comme l'avait été celle de la reconnaissance.

Enfin, elle se termina.

On fit signer à la mère éplorée de Virginie et au vieux Duvernay les procès-verbaux; — on leur donna les papiers nécessaires pour les déclarations légales, et ils s'éloignèrent la tête basse et le cœur brisé.

L'ancien camarade d'Amédée, presque aussi triste qu'eux, les suivit.

— Eh bien, Raymond, — demanda le chef de la Sûreté, — que pensez-vous de ce qui se passe!

— Je pense, monsieur, que nous sommes en pleines ténèbres, et qu'au milieu de ces ténèbres il sera difficile d'allumer un flambeau !...

XLV

Après un silence, Raymond murmura, comme se parlant à lui-même :

— Quel a pu être le mobile du double assassinat ?

— La médaille d'or, donnée par le comte de Thonnerieux et dont on voulait s'emparer, expliquerait le crime au besoin... — répondit le chef de la Sûreté.

— Cette médaille est en or, c'est vrai, — reprit Fromental ; — mais on a laissé sur les cadavres les bijoux et les porte-monnaie garnis, ce qui prouve, selon moi, que le meurtrier ne tuait pas pour voler...

— Cela prouverait tout aussi bien que la médaille seule excitait la cupidité de l'assassin.

— Pourquoi la médaille seule ?...

— Ne vous souvenez-vous plus de ce que vous m'avez dit au moment de l'arrestation de Jérôme Villard, le valet de chambre du feu comte ? — Cette médaille et les autres données par M. de Thonnerieux portent des signes dont il est possible de découvrir le sens mystérieux. — Qui sait si Jérôme Villard n'a pas de complices restés libres ? — Qui sait si le testament volé du comte ne révélait point l'existence d'une fortune immense qu'on pourrait retrouver à l'aide des médailles réunies ? Qui sait enfin si ces complices ne cherchent pas, pour atteindre ce but, à rassembler dans leurs mains toutes les médailles, en supprimant ceux qui les portent ?

— Il me semble que cela est admissible.

Un frisson nerveux courut sur la chair de Raymond. Ses mains tremblèrent.

— Mais alors, — murmura-t-il, — les six enfants dotés par M. de Thonnerieux seraient menacés...

— Assurément.

— Mon fils, vous le savez, monsieur, est un de ces enfants...

— Sans doute, et je le crois menacé comme les autres.

— Ah ! cette pensée me rendrait fou !... — reprit Fromontal haletant. — Mais, non, non, c'est impossible !

— Ce n'est que trop possible, au contraire.

— Je refuse de l'admettre! — Nous nous fourvoyons, monsieur... — J'ai toujours cru — (je vous l'ai dit à vous-même) — que Jérôme Villard est la victime d'une déplorable erreur! — Les apparences l'accusent, il est vrai, mais ces apparences sont menteuses... — De mes informations résultait ceci : — Jérôme Villard est un honnête homme! il n'a pu voler le testament de son maître! — Donc, pas de complices puisqu'il n'est pas coupable... — Est-ce logique?

— C'est logique, oui, si l'on admet votre point de départ...

— Il faut l'admettre!... — Je continue... — Un instant j'ai pensé comme vous, monsieur, que la médaille disparue pouvait être en effet le mobile du crime, et que les assassins avaient frappé pour s'en emparer ; mais en matière criminelle, vous le savez comme moi, les moindres choses au premier abord prennent une importance formidable... — Un peu de raisonnement les ramène bien vite à leurs proportions réelles et à leur juste valeur... — Raisonnons donc : — La première victime frappée au cou par la main inconnue qui tue scientifiquement, était Antoine Fauvel. — Or, Fauvel ne portait point de médaille et ne touchait en quoi que ce fût au comte de Thonnerieux. — C'était un pur et simple receleur de livres volés, et nous avons tout lieu de croire

qu'il est tombé frappé par des gens que son arrestation aurait pu compromettre, car dix-neuf fois sur vingt les receleurs arrêtés dénoncent les voleurs.
— Quarante-huit heures plus tard, un jeune homme et une jeune fille, dont l'un devait porter la médaille, sont assassinés de la même façon que Fauvel... — Il n'y avait qu'une médaille, et cependant on les frappe tous les deux... — Partis ensemble pour une excursion lointaine, on les retrouve dans un fourré du bois de Boulogne, l'un pendu à une branche, l'autre étendue sur le sol, la face tournée contre terre...

» Une chose me paraît indiscutable : — Amédée Duvernay ne vivait plus depuis bien des heures déjà quand ses meurtriers l'ont pendu... — il en était de même pour Virginie quand on l'a couchée sur le gazon... — Tous deux avaient succombé à la suite d'une incision faite à l'artère carotide... et cependant autour d'eux pas une goutte de sang, mais l'herbe foulée, des traces de roues de voiture, le sable de l'allée creusé par le sabot d'un cheval impatient qu'on force à rester stationnaire... — Donc le crime n'a point été commis au bois de Boulogne... — Amédée et Virginie, attirés dans un piège, ont été tués, et leurs cadavres apportés ensemble à l'endroit où les ont trouvés les gardes du bois ..

» De même, on a dû jeter Fauvel à l'eau longtemps après l'avoir saigné.

» En agissant ainsi pour le voleur de livres, en accrochant à une branche Amédée Duvernay, les assassins espéraient-ils duper la police?

» Evidemment non.

» Les gens qui tuent par des procédés chirurgicaux ne sont point des niais... Ils savent à merveille qu'ils ne feront pas croire que Fauvel s'est noyé et que Duvernay s'est suicidé... — Ce sont des fanfarons du crime. Avec une forfanterie diabolique, ils ont résolu de se moquer de la police en la plaçant en face d'une énigme sinistre qu'elle ne devinerait pas... — Ils se croient sûrs de l'impunité! — Croyez-moi, monsieur, le triple meurtre de Fauvel, d'Amédée Duvernay et de Virginie, ne se peut rattacher ni au testament du comte, ni à Jérôme Villard, ni aux médailles commémoratives...

— Soit!... Mais alors, le mobile des assassins?

— Ah! monsieur, si nous le savions il ne nous resterait pas grand'chose à apprendre!!

— Cette façon de frapper, que tout à l'heure vous appeliez *chirurgicale*, ne vous éclaire pas?

— Au contraire, elle me déroute. — Pour tuer ainsi il faut que les victimes soient préalablement ou endormies, ou ligotées; elles ne pouvaient être ligotées, puisque les procès-verbaux des médecins déclaraient qu'aucune trace de lutte ou de violence ne se voyait sur les cadavres. — Or, des cordes, ou des liens quels qu'ils fussent, auraient laissé leur empreinte... — Reste l'anesthésie... Mais on n'endort pas les gens comme on veut... — Il faut des appareils spéciaux pour obtenir l'anesthésie complète...

— Ces appareils, les savants seuls les possèdent. Dans quel but un savant s'est-il fait assassin ?

— Une vengeance, peut-être...

— Une vengeance s'adressant en même temps à Fauvel, à Duvernay et à Virginie, le premier n'ayant avec les deux autres aucuns liens de parenté, d'intérêts, de relations, c'est bien invraisemblable... c'est plus qu'invraisemblable, c'est inadmissible... — Je vous le répète, monsieur, nous sommes en pleines ténèbres !

— C'est pour y porter la lumière que je m'adresse à vous ! — Pas une heure de retard, mon cher Raymond !... pas un instant de repos !... — il faut que Paris, débarrassé de ces monstres, grâce à vous, puisse dormir en paix !...

— Tout ce qu'il sera possible de faire, monsieur, je le ferai... — En vous quittant je me mettrai à l'œuvre... Mais, si Dieu ne me vient en aide, je n'aboutirai pas... — Nous sommes en face de gens trop forts !... les démons du crime !

— Je voudrais éclaircir un point.

— Lequel ?

— Amédée ou Virginie portaient-ils la médaille du comte au moment où on les a attirés dans un piège pour les assassiner ?

— Supposez-vous encore, malgré tout, qu'on a tué ces malheureux pour voler la médaille?...

— Je ne fais aucune supposition, mais quand on cherche à s'éclairer rien ne me paraît quantité négligeable...

— Une perquisition au domicile commun des deux jeunes gens nous apprendra peut-être quelque chose.

— Nous allons la faire aujourd'hui même... à l'instant...

— Je suis à vos ordres, monsieur... — Je vous prie seulement de me donner le temps d'envoyer une dépêche à mon fils à Port-Créteil...

— Allez... je vais vous attendre à mon cabinet...

Raymond sortit.

— Dieu est sans pitié pour moi ! — murmurait le pauvre père en s'éloignant, les yeux pleins de larmes.

— Il faut me séparer de mon fils au moment où je croyais le posséder bien en paix pendant quelques jours ! — Oh ! ce passé ! Cet implacable passé qui pèse sur moi !... — Mon pauvre enfant, puisses-tu ne jamais savoir tout ce que j'ai souffert !...

Un bureau des postes et télégraphes se trouva sur son chemin.

Il y entra et écrivit la dépêche suivante :

« *Obligé partir à l'instant. — Courage. — Soigne-toi. — Je t'aime et pense à ton bonheur.*

» *Ton père,*

» RAYMOND. »

Le télégramme expédié, Fromental rejoignit le chef de la Sûreté à la préfecture.

* *

Au moment où la dépêche partait pour Port-Créteil, Paul subissait une double préoccupation.

Il pensait tout à la fois à Marthe et au brusque départ de son père, et nous pouvons ajouter que cette dernière pensée était dominante.

Quelque chose de mystérieux entourait bien évidemment ce départ et le jeune homme s'étonnait malgré lui de ce mystère.

Jusqu'à ce jour il avait accepté sans le discuter, comme article de foi, tout ce que son père lui disait de ses occupations.

Maintenant, il se demandait comment ces fonctions d'inspecteur des bibliothèques de l'Etat pouvaient laisser si peu de loisir à celui qui en était investi, et, à proprement parler, le rendre tellement esclave.

Pendant toute la durée de son éducation classique,

Paul, étant interne dans un collège de Paris, sortait rarement.

Il ne passait que quelques semaines au logis paternel à l'époque des vacances, et Raymond s'arrangeait de manière à obtenir un congé qui lui permettait de ne guère quitter son fils.

Rien de plus facile d'ailleurs que de trouver des prétextes plausibles pour ses quelques absences obligatoires.

L'enfant d'ailleurs ne remarquait même pas ces absences dont Fromental abrégeait la durée.

Il ne songeait qu'à l'étude. — Il n'avait qu'un désir: travailler ! — Qu'une ambition : savoir vite et beaucoup !

Mais maintenant il était libre et inoccupé, puisqu'on lui défendait le travail.

Il avait le cœur torturé par un amour peut-être sans issue, puisqu'il ne savait point s'il reverrait jamais celle qu'il aimait.

Ces choses le rendaient nerveux et facilement impressionnable. — Il s'étonnait de tout, il commentait tout...

— Mon père voyage donc souvent ainsi? — demanda-t-il à Madeleine. — Et il est obligé souvent de partir à l'improviste, de cette façon ?

— Hélas ! oui... trop souvent ! — répondit avec un soupir la fidèle servante. — Mon pauvre cher maître a continuellement des tournées à faire en province, ici ou là, à droite ou à gauche, et il n'est jamais le maître de son temps et de sa personne...

— C'est bien singulier !

— Mais pas du tout... — C'est la même chose pour tous les employés du gouvernement...

— Le gouvernement devrait au moins lui donner des vacances !... On ne peut être ainsi sur pied d'un bout de l'année à l'autre...

— Ah ! bien, oui, des vacances !... — Il ne peut seulement pas disposer de quarante-huit heures, le cher homme !... Vous ne le voyez que trop !...

— Il avait obtenu quelques jours de congé, cependant... — Il nous l'a dit lui-même...

— Aussi reviendra-t-il peut-être ce soir... C'est même probable...

— Le crois-tu réellement, Madeleine ?

— Dame !... à moins qu'on ne l'expédie je ne sais où, inspecter les... Comment donc qu'il appelle ça ?... Ah ! j'y suis... les *biblothèques*...

La vieille servante ne perdait point la tête.

Elle comprenait à merveille qu'il fallait couper court aux étonnements de Paul, battre en brèche ses soupçons naissants, et elle conformait religieusement ses réponses aux instructions de Fromental.

Le jeune homme reprit :

— Ainsi donc, du premier janvier à la Saint-Sylvestre, il visite les bibliothèques?

— Mais, bien sûr !... — Il y en a tant, à ce qu'il paraît.

— J'aurais bien désiré l'accompagner cette fois...

— Je comprends cela, mon cher mignon.

— Pourquoi donc n'a-t-il point accueilli ma demande?

— C'est que sans doute il a pensé qu'il y aurait trop de fatigue pour vous et que la tournée qu'il va faire ne vous amuserait point.

La conversation en resta là...

Paul était agité, inquiet, mal convaincu.

Madeleine servit le déjeuner.

C'est à peine s'il eut le courage de toucher du bout des dents à la côtelette appétissante qui lui fut servie.

— Eh bien ! eh bien ! mon cher mignon, qu'est-ce que c'est que ça ? — s'écria la brave femme qui, les poings sur les hanches, se tenait debout, en face de lui, dans la salle à manger. — Est-ce que vous allez retomber en plein dans vos idées noires ?... Ce matin vous sembliez de si bonne humeur... Songez que votre ami, M. Fabien, va venir et qu'il ne s'agit pas de l'attrister en ayant l'air d'un enterrement !...

— Oui... cent fois oui, tu as raison... je le sens bien... — répondit Paul, — Mais que veux-tu, ma bonne Madeleine, ce n'est pas ma faute !... Je ne comprends rien à ce que j'éprouve... — Il me semble par moment que je n'ai plus ma tête à moi... — Ce matin, je voyais l'avenir tout en rose... je croyais au bonheur... — Un mot de mon père a suffi pour m'éveiller car je faisais des rêves... de beaux rêves les yeux ouverts... Le départ de mon père me brise !...

— Est-ce donc ce départ qui vous chagrine ainsi ?...
— Ce ne serait pas raisonnable... il n'y a rien d'inquiétant...

— Je me figure qu'il va nous porter malheur à tous.

— Allons, allons, mon mignon, ne tournez pas comme ça la manivelle qui joue toujours le même air !... — Mon cher maître vous l'a dit, c'est de l'enfantillage ! — Qu'est-ce que ça signifie de vous mettre martel en tête à propos d'une chose tout ordinaire ?... Votre papa est souvent par les grands chemins... C'est son emploi qui veut ça !... — Faites une risette à votre vieille Madeleine, embrassez-la, et n'en parlons plus !...

Paul ne put s'empêcher de sourire et il embrassa la fidèle servante.

— Là, vous voilà consolé ! — reprit celle-ci toute joyeuse. — Maintenant souvenez-vous que vous m'avez promis pour le dîner de ce soir une friture et une belle...

— Tu as raison, Madeleine, je vais pêcher...

— A la bonne heure !

— Si M. de Chatelux arrivait pendant que je serai dehors, tu l'enverrais me rejoindre...

— Vous pouvez y compter.

Un peu rasséréné, moins obsédé par ses idées noires, le jeune homme quitta la maisonnette et se dirigea vers la Marne en emportant ses lignes et ses amorces.

XLVI

Quelques minutes plus tard Paul était dans son bateau, actif à la pêche, et le poisson mordait de manière à lui promettre une triomphante friture pour le dîner de Fabien.

Tout à coup le flotteur de sa ligne disparut sous l'eau.

Le jeune homme donna un coup sec.

Il venait, — comme on dit en terme de pêche, — de *ferrer* un gros poisson, si gros et si vigoureux que sa force de résistance fit ployer à le rompre le *scion* flexible de la ligne.

Paul tenait évidemment une pièce de résistance, et il manœuvra de façon à ne point laisser échapper sa capture.

Très vives et d'une nature toute spéciale sont les émotions que donne la pêche, émotions chères à pas mal de gens célèbres, parmi lesquels nous pouvons citer lord Byron, Walter Scott, Jacques Laffite et Béranger.

Le pêcheur peut fort bien laisser sa pensée errer à l'aventure, tandis qu'il se livre à son passe-temps favori mais, lorsque le poisson attaquant l'appât donne une secousse à son flotteur, il oublie tout ce qui le préoccupait une seconde auparavant, et ne songe plus qu'à la capture qu'il est en train de mener à bien.

Paul en ce moment ne pensait plus ni à son amour, ni à son chagrin.

Ses idées sombres s'étaient envolées.

Il était tout entier aux sensations violentes, faites de joie, d'espérance et d'inquiétude, que lui causait la proie magnifique se débattant à son hameçon.

Pas assez expérimenté pour lutter de ruse avec le poisson, qui quoi qu'on en dise, est un animal très malin quand il s'agit de sauver sa peau, il laissait plonger la ligne entraînée par sa capture, et rendait la main au lieu d'opposer une résistance élastique, continue, mais sans brusquerie, dont l'effet est de fatiguer la bête et de s'en rendre maître à la longue.

Déjà même il commençait à désespérer de tirer de l'eau son invisible prisonnier, qui d'une seconde à l'autre pouvait reconquérir sa liberté en brisant la ligne, lorsque soudain, non loin de lui, une voix grasseyante se fit entendre.

— Tout à la douce!... tout à la douce!... M'sieu Paul donc! — disait cette voix, — Ployez le bras en ramenant votre outil vers l'épaule, et soulevez-le de manière à faire quitter le fond au guerdin qui a mordu... De la façon dont il tire, j'augure que ça doit être une carpe.... — J'arrive... maintenez la bête...

Le fils de Raymond Fromental, sans regarder qui lui parlait et sans même reconnaître la voix cependant bien connue, suivait machinalement les bons conseils frappant son oreille.

Ces bons conseils partaient d'un vieux bachot qui descendait la Marne.

Le poisson cédait peu à peu.

Déjà ses écailles dorées scintillaient dans le flot mouvant.

Une épuisette à long manche apparut et se glissa sous les flancs de la bête qu'elle amena en un tour de main à la surface de l'eau.

La ligne se rompit, mais la carpe, — c'était une carpe du poids de six livres! — sautillait au fond du bateau du conseilleur.

Paul regarda celui qui lui était venu en aide si fort à propos.

— Jules Boulenois! — s'écria-t-il.

— Autrement dit *la Fouine*, oui, m'sieu Paul... — répliqua le nouveau venu. — Je suis content de vous avoir donné un coup de main pour pincer cette gaillarde qu'on peut appeler une *pièce*... une vraie *pièce*... Mais bien plus content encore de vous rencontrer pour vous apprendre quelque chose qui va vous mettre le cœur en joie...

— Quelque chose qui va me mettre le cœur en joie ?... — répéta Paul très surpris.

— Oh ! quant à ça, positivement.

— Quoi donc ?

— Laissez-moi le temps d'aborder et de glisser la carpe dans la *boutique* de votre bachot... Oh ! saperlipopette, quelle pièce !... ensuite je vous raconterai ce que j'ai à vous dire...

La Fouine rangea son bateau près de celui de Paul, introduisit le poisson superbe dans le réservoir percé de trous, se lava les doigts, les essuya en les passant sur les jambes de son pantalon, et donna une poignée de main au fils de Fromental.

— Comment que vous vous portez, m'sieur Paul ? — demanda-t-il ensuite.

— Mais bien, mon ami... très bien...

— Ah bah !...

— Cela vous étonne ?...

— Dame !... un peu... — Est-ce que par hasard le

cœur, qui était si malade il n'y a pas encore bien longtemps, est tout à fait guéri ?

Paul soupira.

— Non ! — oh non ! répondit-il en secouant la tête.

— Eh bien, tant mieux !... — s'écria la Fouine. — Oui, tant mieux, car c'est Bibi qui va le guérir !... — Parole, je vous apporte un remède qui vaudra mieux à lui tout seul que les drogues réunies des plus fameux médecins de France et d'*Algère*... — Ça vous intrigue, hein ? — Patience !... Je m'assieds à côté de vous, je roule une cigarette, et nous allons tailler une bavette qui se portera bien, je vous en fiche mon billet !..

Naturellement Paul ne pouvait deviner, ni même soupçonner ce dont la Fouine allait l'entretenir, ce qui ne l'empêchait point d'attendre ses explications avec une curiosité impatiente.

Le jeune pêcheur s'était installé à l'avant du bateau.

Il roula rapidement une cigarette, l'alluma, et lançant en l'air une bouffée de fumée bleue commença :

— Y a juste aujourd'hui cinq jours que nous ne nous sommes vus, pas vrai, m'sieu Paul ?

— Oui, cinq jours.

— Vous souvenez-vous de ce qui nous occupait tous

les deux la dernière fois que nous nous *avons* rencontrés ?

— Comment l'aurais-je oublié ?

— Je ne veux pas vous faire languir, et je ne m'emberlificoterai point dans les feux de file de mon boniment. — Qu'est-ce que vous donneriez bien, m'sieu Paul, pour savoir ce qu'est devenue la jeune demoiselle que vous avez rencontrée ici et qui demeurait au *Petit-Castel* ?

— Ce que je donnerais ? — s'écria Paul haletant, — je donnerais ma vie !...

La Fouine se mit à rire.

— Ça ne vous coûtera pas si cher que ça, — reprit-il ensuite, — le prix d'une place de chemin de fer de Saint-Maur à Paris et, une fois à Paris, deux heures et demie d'un joli fiacre à quarante sous l'heure. — V'là pour la dépense...

Le visage de Paul s'était animé. Ses yeux brillaient.

— Vous savez où est Marthe ? — demanda-t-il d'une voix tremblante d'émotion.

— Oui.

— Vous êtes sûr de ne pas vous tromper ?

— Oui.

— Vous l'avez vue ?

— Oui... oui... oui... Mais ne vous emballez pas ! Mademoiselle Marthe est à Paris...

— A Paris ? En quel endroit de Paris ?

— Attendez donc... A quoi que ça sert de vous ébullitionner comme une soupe au lait, puisque je vous dis que je l'ai retrouvée et que nous ne la perdrons plus... — Il me semble que ça doit commencer à vous contenter pas mal ?

— Vous l'avez retrouvée... — Comment ?

— Voici l'anecdote. — J'étais allé voir un peu si le goujon mordait en basse Seine, du côté de Suresne et de Puteaux... une idée à moi... — En revenant de mon tour de pêche je traversais, comme de juste, le bois de Boulogne... qu'est-ce que j'aperçois ? Devinez...

— Achevez ! achevez donc, la Fouine ! — s'écria Paul avec la fièvre. — Vous me fait languir !... vous me faites mourir ! !

Boulenois reprit :

— Donc, j'aperçois, dans un grand berlingot attelé de deux poulets d'Inde, la jolie demoiselle, en compagnie de l'autre... la grosse, pas jeune mais bien conservée, qui m'a acheté un jour une matelote... — Bon ! — que je me dis, — v'la l'objet pour lequel m'sieu Paul se met la cervelle à l'envers, et qu'il croit pour le quart-d'heure aux cinq cents diables ! — Faut savoir tout au juste qui elle est et où qu'elle perche ! V'lan ! je me colle dans un sapin, et je donne la consigne au cocher de suivre le berlingot...

Ça va bien ! nous marchons... Mais, crac !... tout à coup la musique... Un régiment qui descend la garde avec tambours, grosse caisse, et tout le bataclan...

— Ça porte sur les nerfs d'un cheval de tramway... Déraillement... Coup de tampon... Le berlingot crevé... Dame ! je vous raconte ça comme ça vient... Les deux dames tournent de l'œil et poussent des cris de pintade...

— Marthe... blessée... — balbutia Paul en devenant pâle comme un mort.

— Non... non... rassurez-vous... En fait de blessé, il n'y avait que le berlingot... Les dames rouvrent l'œil... leur cocher fouette ses bidets qui se remettent à marcher, et moi je me remets à suivre... et nous ne nous arrêtons, les uns suivant les autres, qu'à la demeure des personnes en question.

— Et cette demeure ?... — demanda, tout haletant, le fils de Raymond.

— Un hôtel épatant !... dans un quartier chic, rue de Miromesnil...

— Vous savez qui est la jeune fille ?

— Parbleu ! est-ce que j'aurais manqué de m'en informer...

— Ah ! mon bon la Fouine, — s'écria Paul en serrant la main du jeune pêcheur, — je ne vous remercierai jamais assez ! — Quel bien vous me faites !..

— Oui, n'est-ce pas ? — répondit Boulenois en riant, — c'est comme un verre de vin à la française bien sucré, avec cannelle et citron, ça fait du bien par où ça passe !

— Vite !... vite !... qu'avez-vous appris ?

— Que mademoiselle Marthe est comme qui dirait la pupille... l'enfant d'adoption, du propriétaire de l'hôtel, un médecin étranger... un docteur américain très riche et très fameux qui vient de se fixer à Paris...

— Un médecin américain... rue de Miromesnil... — balbutia Paul avec une agitation croissante. — Comment s'appelle ce médecin ?

— Le docteur Thompson...

En entendant ce nom le jeune homme se dressa transformé, galvanisé, l'œil en feu, les lèvres frémissantes.

— Le docteur Thompson ! — répéta-t-il d'une voix que l'émotion violente rendait presque indistincte. Et vous dites que Marthe est sa fille d'adoption, sa pupille ?...

— Je dis ce qu'on m'a dit... — Paraîtrait que tout un chacun sait ça dans le quartier.

Paul joignit les mains.

— Marthe à Paris !... — s'écria-t-il. — Marthe pupille de ce médecin qui semble me porter tant d'intérêt !... — En effet, je me souviens... — Cet homme qu'ici même j'ai vu de loin dans le parc du *Petit-Castel*, appuyant ses lèvres sur le front de Marthe et dont je n'ai pu distinguer le visage, il avait bien la tournure du docteur. — C'était lui ! — Je pourrai donc la revoir, ELLE !... — Je pourrai donc savoir si elle m'aime...

— Quant à ça, m'sieu Paul, ça vous regarde. — Quant au reste, j'ai fait de mon mieux ma petite affaire, et comme je vois que vous êtes content, je suis satisfait...

— Ah ! mon bon la Fouine, vous me rendez la joie, le bonheur, la santé ! vous me sauvez la vie ! oui, la vie !... — Comment vous témoigner ma reconnaissance ? — Que ne vous dois-je pas ?

— Vous ne me devez absolument que deux heures et demie de voiture que j'ai payées pour suivre le berlingot, plus le pourboire du cocher... — Ça fait un total de six francs cinquante.

— Je vais vous en donner cent.

— Par exemple !... C'est ça qui serait du joli ! — Vous figurez-vous, par hasard, m'sieu Paul, que je veux gagner sur vous ? — Jamais de la vie ! — Les bons comptes font les bons amis ! — J'ai dépensé pour votre service six francs cinquante, donnez-moi six francs cinquante... Nous serons quittes... Et allez donc, turlurette ! turlurette, allez donc !...

— Je vais vous rembourser... — dit Paul, en exhibant un portefeuille servant en même temps de porte-monnaie.

Il l'ouvrit pour en tirer une pièce de cinq francs en or et des pièces blanches.

L'extrême surexcitation de ses nerfs rendait sa main tremblante.

Un portrait-carte, s'échappant du portefeuille entr'ouvert, tomba sur le plancher du bateau.

La Fouine se pencha vivement pour ramasser la photographie.

— On peut regarder? — demanda-t-il.

— Mais certainement.

Boulenois regarda le portrait-carte, fit un geste de stupeur et s'écria :

— Ah! par exemple, en voilà une bien bonne!!

— Une bien bonne?... — répéta le jeune homme. — Je ne comprends pas...

— Moi non plus, je ne comprends pas... Comment ça se peut-il, m'sieu Paul, que vous ayez sur vous la *binette* de ce paroissien-là?

— Ah! vous connaissez...

— Mais, bien sûr que je la connais, cette binette!.. — C'est celle d'un mouchard!...

Paul ne put comprimer un éclat de rire.

— Si la personne qui a posé pour cette carte vous entendait, mon brave la Fouine, vous ne seriez pas bien ensemble! — répliqua-t-il.

— Vous la connaissez donc aussi cette personne?

— Aurais-je sa photographie dans mon portefeuille si je ne la connaissais pas?

— Et, sans vous commander, qui est-ce, selon vous?

— C'est mon père.

Boulenois, complètement interloqué, se mordit les lèvres.

— Vous avez mal vu, — continua Paul, — regardez mieux.

— Oui... oui... vous avez raison... — murmura la Fouine avec embarras, en paraissant examiner de nouveau et plus attentivement la photographie.

— Ça ressemble bien un peu... et même beaucoup, à l'individu que je connais... Mais ça n'est pas tout à fait ça...

— Vous connaissez donc un agent de police qui ressemble à mon père? — continua le jeune homme souriant toujours.

— Je le connais... je le connais... c'est-à-dire que je le connais sans le connaître... — Je me suis trouvé avec lui par hasard à la *repêche* d'un *noyé*... — Il y a quelque chose dans les yeux et dans le nez, mais en se remémorant bien, la barbe était plus grande...

Et, tout en parlant ainsi, la Fouine pensait:

— C'est pour la frime, ce que je dis là! C'est parfaitement le bonhomme du portrait-carte qui a dressé le procès-verbal du quai de l'Entrepôt!... C'est bien son père... C'est un mouchard...

— Tenez, mon ami, — reprit Paul en donnant à Boulenois les six francs cinquante qu'il venait de tirer de son porte-monnaie, — voici ce que je vous dois... J'y joins toute ma gratitude, car je ne pourrai jamais vous remercier comme je le voudrais de la bonne nouvelle que vous m'avez apportée.

— Bref, vous êtes content, m'sieu Paul?

— Je suis plus que content !... Je suis heureux !..

— Alors, je me paierai ce soir une bouteille à vot' santé ! — En attendant l'heure du dîner, je vais tâcher de faire comme vous, de pincer une belle carpe que j'irai vendre au restaurant de l'île...

Et la Fouine, après avoir serré la main de Paul, sauta dans son bateau qu'il laissa glisser au courant de la Marne pour gagner les *sapines* où il voulait pêcher.

XLVII

Paul était littéralement transfiguré par ce qu'il venait d'apprendre.

— Marthe, la pupille, l'enfant d'adoption du docteur Thompson !... se répétait-il avec une joie grandissante. — C'est le bonheur qui m'arrive !...

» Comme j'avais tort de désespérer et combien le hasard, quand il veut s'en mêler, arrange merveilleusement les choses ! !

» Ainsi, lorsque hier mon père m'a conduit chez le docteur, Marthe était là, tout près de moi qui tremblais de ne la retrouver jamais ! — Ah ! si j'avais su !... — Mais je retournerai bientôt à l'hôtel de la rue de Miromesnil... je la verrai... je pourrai lui dire que je l'aime... la supplier de m'aimer... Pourquoi ne m'aimerait-elle pas, puisqu'elle est libre ?...

» Quand on pense que je refusais d'assister à la

soirée pour laquelle le docteur nous a envoyé, à mon père et à moi, une lettre d'invitation ! — Aujourd'hui tout est changé... J'irai certainement, et je veux que mon père m'accompagne... Je veux qu'il connaisse Marthe et qu'il aime celle que j'aime !...

» Sans doute il va revenir ce soir... — il me l'a presque promis... — Comme il sera joyeux en me voyant rayonner de joie !... comme il sera surpris en m'entendant lui dire : — Ne cherchez plus, père... j'ai trouvé !... — Je sais où est Marthe !... Celui de qui elle dépend s'intéresse à ma santé, à ma vie, et ne refusera point de me donner Marthe, puisque sans elle je ne puis vivre !...

Le fils de Raymond avait véritablement l'air d'un homme à qui le bonheur, — un bonheur foudroyant et imprévu, — vient de tourner la tête.

Il parlait tout haut. — Il riait. — Il chantait.

Enfin, un peu calmé, il venait de se remettre à la pêche, lorsqu'une voix bien connue l'appela.

Cette voix était celle de Madeleine.

La vieille servante arrivait sur la berge, de l'autre côté de la rivière.

— J'y vais... — répondit Paul en prenant les avirons pour traverser la Marne.

— Fabien est-il arrivé ? — demanda-t-il en abordant.

— Non, mon cher mignon... — répondit la fidèle domestique.

— Alors, pourquoi m'appelles-tu ?

— Pour vous donner une dépêche qu'on vient d'apporter.

— Une dépêche de qui ?

— De votre papa. C'est à moi qu'elle était adressée, je l'ai ouverte.

Paul fronça les sourcils.

— Est-ce que mon père ne revient pas ? — murmura-t-il.

— Non. Il est obligé de se mettre en route aujourd'hui même...

— Au moment où je suis si heureux ! — pensa le jeune homme. — Maudit voyage !

Il aborda, prit la dépêche et la lut.

— Certes, — dit-il ensuite, — ce départ me contrarie, et beaucoup, puisqu'il me prive du plaisir d'avoir mon père auprès de moi ; mais à quoi bon prendre au tragique une chose qui n'est en somme qu'un ennui ?... — Fabien va venir... il faut qu'il trouve des visages gais pour le recevoir... — je le garderai le plus longtemps possible, et je serai de joyeuse humeur pour que le temps lui paraisse court !...

Madeleine regarda Paul avec étonnement.

Elle ne connaissait point au jeune homme cette souriante philosophie.

Le changement qui s'était fait d'une façon soudaine dans son apparence la frappa.

— Mais qu'avez-vous donc, mon cher mignon ? — lui demanda-t-elle. — Quand vous avez quitté la maison, le départ de votre papa vous affectait beaucoup... — Vous étiez triste comme un bonnet de nuit, sauf vot' respect, et voilà que je vous retrouve tout guilleret, la mine contente.

— C'est que j'ai appris une bonne nouvelle...

— Ici ?

— Oui.

— Vous avez donc vu quelqu'un ?

— Probablement...

— Peut-on la connaître, cette bonne nouvelle ?

— Sans doute, mais plus tard. — Pour le moment, contente-toi de savoir que je suis très heureux... qu'avant un mois je serai en parfaite santé, et que je t'apporte pour le dîner de mon ami Fabien un poisson magnifique... une carpe monstre, comme tu n'en as peut-être jamais vu...

— Puisqu'elle est si belle, au lieu de la mettre en matelote, je vous la servirai au bleu... — répondit Madeleine ; et tout bas elle ajouta, se parlant à elle-même : — Mais qui a-t-il vu ? Qu'est-ce qu'il a donc appris ? — De quelle nouvelle parle-t-il ? Enfin il est gai et il paraît bien portant... C'est le principal.

— Ohé ! du pêcheur !... Ohé !... — cria en ce moment une voix joyeuse.

Paul se retourna.

Fabien, à qui le passeur du restaurant de l'île venait de faire traverser la Marne, se dirigeait à grands pas de son côté.

— Ohé ! — répéta-t-il en riant.

Un instant après les deux amis se serraient les mains avec effusion.

*
* *

Jacques Lagarde, ou plutôt le docteur Thompson, était remonté en voiture en quittant l'hôtel de Chatelux.

— Rue du Cherche-Midi, numéro 52, — dit-il à son cocher.

En quelques minutes la courte distance séparant la rue de Tournon de la rue du Cherche-Midi fut franchie.

L'immeuble portant le numéro 52 était une belle maison, haute de cinq étages ; maison de rapport comportant à chaque étage deux appartements spacieux.

Jacques descendit du coupé, franchit la porte cochère et se dirigea vers la loge du concierge.

Une fillette de sept à huit ans s'y trouvait seule, jouant avec sa poupée.

— Qu'est-ce que vous voulez, monsieur? — demanda-t-elle au docteur en se donnant des airs de petite femme.

— Madame Labarre.

— C'est au deuxième, la porte en face...

— Merci, mon enfant.

Jacques gravit l'escalier.

Arrivé au second étage, il sonna à une porte peinte en acajou.

Une femme de chambre vint lui ouvrir.

— Madame Labarre? — répéta-t-il.

— C'est bien ici, monsieur... — Madame y est, mais elle va sortir...

— Portez-lui ma carte et dites-lui que je la retiendrai quelques minutes à peine... — Elle me recevra probablement...

— Entrez, monsieur...

La femme de chambre introduisit le visiteur dans une antichambre, prit la carte et alla la porter à sa maîtresse.

Presque aussitôt elle reparut.

— Madame attend monsieur... — dit-elle en ouvrant une porte — celle du salon où madame Labarre, tout habillée, toute gantée, son chapeau sur la tête, attendait en effet.

Elle alla vivement au-devant de Jacques.

— Vous, cher docteur! — s'écria-t-elle en lui tendant

les deux mains. — Soyez le bienvenu ! Quel motif me procure la très agréable surprise de votre visite?

— Eh! chère madame, le désir de vous revoir; ce désir qui s'impose à quiconque vous a vue, ne vous semble-t-il pas un motif suffisant?...

— Ceci est de la galanterie pure!... — fit madame Labarre en minaudant, — or, qui dit galanterie dit flatterie, et qui dit flatterie dit menterie!... — Je serais cependant presque tentée de vous croire, si je vous jugeais d'après moi... — Votre visite me cause une joie si vive que vous pouvez fort bien, en somme, trouver quelque plaisir à me la faire... — Venez, cher docteur, venez vous asseoir, là, près de moi...

Et la veuve entre deux âges, minaudant plus que jamais et tout à fait ravie de son marivaudage, conduisit le nouveau venu jusqu'à une causeuse où elle le fit asseoir à son côté, en ayant soin de ne point retirer la main qu'il tenait dans les siennes.

— Maintenant, — reprit-elle, — causons sérieusement... — Le désir de me voir est une des raisons de votre visite, je le veux bien, mais ce n'est pas la seule.

— En effet, il y en a une autre...

— Quelle est l'autre?

— M'entretenir avec vous au sujet de votre fils, et vous donner un bon conseil... — Mais d'abord, permettez-moi de vous faire un aveu...

— Un aveu ? A moi ? — répéta madame Labarre en jouant coquettement de la prunelle, — quel aveu ?

— Nous nous sommes trouvés hier pour la première fois en présence l'un de l'autre... — Eh bien ! dès la première minute de notre entretien — (chose d'autant plus surprenante qu'étant de nature réservée je ne me livre pas facilement), — je me suis senti pris pour vous et pour votre fils d'une profonde sympathie...

— Sympathie bien partagée, cher docteur ! — interrompit madame Labarre.

— J'avais cru le remarquer, et c'est en m'autorisant de cette attraction que j'ai pensé pouvoir et devoir venir causer avec vous de votre enfant... et de vous-même... si vous me permettez de vous parler en ami...

— Si je vous le permets ? Ah ! vous n'en doutez pas ! — Mais avant de parler, écoutez-moi... je veux... je dois m'expliquer la première...

— Vous expliquer, chère madame ? A quel sujet ?...

— Au sujet précisément de notre entrevue d'hier...
— Je ne dois pas croire, n'est-ce pas, que la façon dont mon fils m'a dépeinte hier en votre présence, vous a donné de moi une trop mauvaise opinion ?...

— Oh ! madame !... — interrompit Jacques.

— Permettez-moi d'achever... — Mon fils a été

très dur pour moi, et il n'y aurait rien d'étonnant à ce que, l'ayant entendu, vous me supposiez tout au moins mauvaise mère...

— Que Dieu m'en garde !.. — je ne crois rien de semblable...

— Est-ce bien vrai ?

— Je vous le jure... d'ailleurs vous allez en avoir la preuve... — Elle ressortira du conseil même que je suis venu vous donner...

— Et ce conseil ? quel est-il ?

— Dans un instant vous le connaîtrez... — Hier j'ai été à même de juger la situation qui vous est faite par votre fils... de le juger lui-même, et j'ai été surpris... inquiet,... effrayé...

— Effrayé ?... — répéta madame Labarre d'un ton mielleusement hypocrite. — Votre jugement sur René a donc été bien sévère ?

— Oui... c'est une nature volontaire, exaltée et violente.

— Hélas !

— C'est, — continua Jacques, — un enfant dont les passions couvent et feront un jour explosion avec une effroyable violence... — Quand l'éruption du volcan commencera, rien ne pourra l'arrêter, ni même la modérer, et les laves de ce volcan brûleront, dévasteront, détruiront tout autour d'elles...

— Docteur, vous m'épouvantez !... — N'exagérez-vous pas ?

— Je vois les choses telles qu'elles sont...

— René est-il donc d'une santé plus vigoureuse que vous ne l'affirmiez ?

— Non... il est malade... très malade... et sa maladie, surexcitée par ses désirs, ses passions, ses violences, peut l'emporter tout d'un coup, brusquement... Or, j'ai compris que vous aviez un grand intérêt à ce que sa vie se prolongeât... Me suis-je trompé ?

— En aucune façon. — Je compte sur la fortune dont mon fils doit hériter pour sortir de la position médiocre, presque misérable, où je végète, où je m'étiole... — C'est-afin d'assurer ce que je croyais être son bonheur, et pour m'assurer en même temps la jouissance de cette fortune, que j'avais pris la résolution de mettre mon fils dans les ordres...

— Mais cette fortune, à l'heure qu'il est, paraît sinon tout à fait perdue du moins bien compromise, puisque le testament du comte de Thonnerieux a été volé...

— Ici-bas, tout est possible... — il peut se retrouver...

— C'est vrai.

— Voilà pourquoi il faut que René vive.

— Il vivra, car je le guérirai, mais en le guérissant je lui donnerai la force et l'énergie physique qui lui manquent aujourd'hui... Avec cette énergie et cette force lui viendra le besoin de tous les plaisirs, la soif de toutes les jouissances...— Il comprendra qu'il lui faut de l'argent, beaucoup d'argent, pour satisfaire ses passions, et il n'aura garde de se dessaisir de la fortune rêvée par vous.

— Je suis sa tutrice naturelle.

— Aujourd'hui où il ne possède rien, mais vous cesserez de l'être le jour où il sera majeur, et c'est ce jour-là seulement qu'il entrera en possession du legs de M. de Thonnerieux, en supposant le testament retrouvé.

— Il n'osera point m'en refuser ma part...

— Quelle illusion ! Il osera tout ! Votre fils ne vous aime pas... Vous l'avez dit, il est égoïste et violent... Vous n'avez rien tenté, d'ailleurs, pour conquérir son affection... Toutes ses aspirations le poussaient vers l'indépendance absolue et, depuis son enfance, vous l'asservissez !

— Pour son bien...

— Soit ! — répliqua Jacques en souriant. — Mais allez donc dire cela à lui-même, et tâchez qu'il vous croie ! !

— Que faire, alors ?

— Suivre de point en point le conseil que je vais vous donner...

— Ah ! certes oui, je le suivrai, quel qu'il soit !...

— Nous raisonnons en vertu de l'hypothèse que le testament du comte de Thonnerieux peut être retrouvé et votre fils envoyé en possession de son legs... — Vous aimez l'existence large et facile... Il faut donc vous mettre en garde contre un avenir de vie étroite, de privations, de gêne...

— Comment ?

— René, s'il devient riche, ne vous taillera point votre part dans sa richesse, j'en ai la conviction, j'en ai la certitude... — Il voudra tout garder ! — L'unique moyen de vous préserver d'une éventualité si funeste, est de conclure en ce moment un marché avec cet égoïste...

— Un marché ?... Quel peut être ce marché ?

— Avant de vous répondre, laissez-moi vous adresser une question... — N'avez-vous eu depuis hier aucun entretien avec votre fils?

— J'en ai eu un, au contraire, et très orageux... — J'ai reproché amèrement à René, comme je le devais, son attitude vis-à-vis de moi chez vous...

— De ce reproche qu'est-il résulté ?

— Le malheureux enfant a perdu toute mesure... — il s'est emporté... il m'a dit qu'il était las d'être esclave, qu'il rompait sa chaîne, qu'il voulait être absolument libre, voyager pendant un an et ensuite revenir à Paris pour s'y faire recevoir avocat.

— Qu'avez-vous répliqué ?

— Qu'il était hors de mon pouvoir de satisfaire ses caprices, pour plusieurs raisons dont une seule suffirait au besoin, l'extrême modicité de ma fortune...

— Et alors ?

— Alors il m'a demandé sa part de l'héritage paternel...

FIN DE LA SECONDE PARTIE (*).

(*) L'épisode qui suit et termine le *Testament Rouge* porte ce titre : *La Chasse aux Médailles*.

ÉMILE COLIN. — IMPRIMERIE DE LAGNY

www.ingramcontent.com/pod-product-compliance
Lightning Source LLC
Chambersburg PA
CBHW050631170426
43200CB00008B/973